T0041610

THE EVERYTHING® MOVIE WORD SEARCH BOOK

Dear Reader,

Ever since I can remember, I have been a movie fan. From the first time I watched *The Wizard of Oz* to the first time I ever stepped onto a movie set when I was a kid, I have had a love and passion for movies. In my teenage years, my friends and I spent every Friday night at the movie theater watching the next big production on the silver screen. Whenever my friends have trouble remembering a movie title or the name of an actor, I'm the first person they call. . . . It's fun being a movie wiz!

One day, I decided to compile my love for movies with one of my other favorite pastime, word search puzzles. If losing yourself in a puzzle is something you enjoy, then this is definitely the book for you! Each puzzle is themed specifically to one particular movie. My hope is that this book is as fun for you as it has been for me to put together.

So if movies and puzzles are something you enjoy, then break out a pen, sit back in a comfortable chair, and let the fun begin!

Jennifer Edmondson

Welcome to the EVERYTHING® Series!

These handy, accessible books give you all you need to tackle a difficult project, gain a new hobby, comprehend a fascinating topic, prepare for an exam, or even brush up on something you learned back in school but have since forgotten.

You can choose to read an *Everything*® book from cover to cover or just pick out the information you want from our four useful boxes: e-questions, e-facts, e-alerts, and e-ssentials. We give you everything you need to know on the subject, but throw in a lot of fun stuff along the way, too.

We now have more than 400 *Everything*® books in print, spanning such wide-ranging categories as weddings, pregnancy, cooking, music instruction, foreign language, crafts, pets, New Age, and so much more. When you're done reading them all, you can finally say you know *Everything*®!

PUBLISHER Karen Cooper

DIRECTOR OF ACQUISITIONS AND INNOVATION Paula Munier

MANAGING EDITOR, EVERYTHING® SERIES Lisa Laing

COPY CHIEF Casey Ebert

ACQUISITIONS EDITOR Lisa Laing

EDITORIAL ASSISTANT Hillary Thompson

EVERYTHING® SERIES COVER DESIGNER Erin Alexander

LAYOUT DESIGNERS Colleen Cunningham, Elisabeth Lariviere, Ashley Vierra, Denise Wallace

Visit the entire Everything® series at *www.everything.com*

THE EVERYTHING® MOVIE WORD SEARCH BOOK

150 blockbuster puzzles for fans of the big screen

Jennifer Edmondson

Adams Media
New York London Toronto Sydney New Delhi

For Grandma and Grandpa.
I miss you every day.

Adams Media
An Imprint of Simon & Schuster, Inc.
57 Littlefield Street
Avon, Massachusetts 02322

Copyright © 2009 by Simon & Schuster, Inc.

All rights reserved, including the right to reproduce this book or portions thereof in any form whatsoever. For information address Adams Media Subsidiary Rights Department, 1230 Avenue of the Americas, New York, NY 10020.

An Everything® Series Book.
Everything® and everything.com® are registered trademarks of Simon & Schuster, Inc.

ADAMS MEDIA and colophon are trademarks of Simon and Schuster.

For information about special discounts for bulk purchases, please contact Simon & Schuster Special Sales at 1-866-506-1949 or business@simonandschuster.com.

The Simon & Schuster Speakers Bureau can bring authors to your live event. For more information or to book an event contact the Simon & Schuster Speakers Bureau at 1-866-248-3049 or visit our website at www.simonspeakers.com.

Interior illustration by Barry Littman

Manufactured in the United States of America

16 2020

Library of Congress Cataloging-in-Publication Data has been applied for.

ISBN 978-1-60550-048-5

Many of the designations used by manufacturers and sellers to distinguish their products are claimed as trademarks. Where those designations appear in this book and Simon & Schuster, Inc., was aware of a trademark claim, the designations have been printed with initial capital letters.

Contents

Introduction / vii

Chapter 1: It's All about the Journey / 2

Chapter 2: And the Oscar Goes to . . . / 12

Chapter 3: A Little Romance / 22

Chapter 4: Family Fun / 32

Chapter 5: The Old West / 42

Chapter 6: Independent Wonders / 52

Chapter 7: Judge and Jury / 62

Chapter 8: It's Beginning to Look a Lot Like Christmas / 72

Chapter 9: Love in Manhattan / 82

Chapter 10: Sports Fans / 92

Chapter 11: True to Life / 102

Chapter 12: Nail Biters / 112

Chapter 13: Cinema Classics / 122

Chapter 14: Laughter Is the Best Medicine / 132

Chapter 15: They Came from Outer Space / 142

Answers / 153

Acknowledgments

First, I would like to thank my family and friends for being there for me and always supporting me with whatever I chose to do. You are my lifelines!

I would also like to thank Lisa Laing and the wonderful staff of Adams Media for allowing me to do such a fun project!

Introduction

WITH 150 FUN-FILLED, MOVIE-BASED puzzles, *The Everything® Movie Word Search Book* is the perfect match for movie and puzzle enthusiasts alike! Everyone loves a good cinematic adventure. Movies are one of America's favorite pastimes. They have the power to inspire us, make us laugh, make us cry, make us think, and even make us frustrated at times.

Who can forget when George Bailey had a chance to see what life would be like without him in *It's a Wonderful Life,* or when Rocky Balboa had his first boxing match in the ring, or when E.T. went home? Great movie moments like these are incorporated in every word search puzzle you'll find in this book.

There are many people who quote lines, buy memorabilia, collect DVDs, and even wait in line for hours to be the first to have a look at the latest big blockbuster. Word search puzzles are another great pastime. They keep us busy, get our minds off things, relieve us of boredom, and keep our minds sharp. Now movies and word searches have come together!

There are up to forty-five words per puzzle, each representing characters, actors, locations, props, emotions, quotes, events, occupations, storylines, and more! Now you can have the nostalgia of great movies mixed in with the fun of word search puzzles by way of a simple line or prop that will bring back a funny memory or perhaps remind you of the art of movies. Even if you don't watch many movies, you will have fun for hours! Perhaps even pique your curiosity enough to go out and rent a film you have never seen before. The best part about these puzzles is that they are great for any age group.

ENJOY!

PUZZLES

CHAPTER 1: It's All about the Journey

Thelma and Louise

D T S E V I T I G U F H V K W O I S O R
R L H T E T D I V E X P L O S I O N B O
Q X A A A E F D H O B P I R T D A O R A
P O R N R T H U N D E R B I R D H D Z Y
R N T P O V E D B G N I C N A D E N I L
E N H V I D E T I N O Y N A C D N A R G
K E E S A H C Y R T N U O C S S O R C G
I L L S K G S M K O G A R K A N S A S Y
H Y M Z D B A D R E O J L N K D N S S P
H M A R G A R B N E I P M R I I I N E W
C M D E E D M A O E H T E N A Q K A R I
T I I V E M E L D N I P E R Y H C S T L
I J C I N U D S E P D R O L P H I U I D
H C K R A R R N E A I M F T E O D S A T
M R I D D D O C A R H T O S S E L G W U
E L N K A E B E J N T C T T S I Y I W R
X S S C V R B G A S O L I N E T R U C K
I L O U I S E S A W Y E R M E L R H K E
C B N R S W R Z B M U C O L S L A H C Y
O M F T W A Y E N O M R H A I R D O W N

ARKANSAS
ARMED ROBBERY
BRAD PITT
CHRISTOPHER MCDONALD
CROSS COUNTRY CHASE
DARRYL DICKINSON
DESERT
DINER
EXPLOSION
FBI
FRIENDSHIP
FUGITIVES
GASOLINE TRUCK
GEENA DAVIS
GRAND CANYON
GUN
HAIR DOWN
HAL SLOCUMB
HARLAN
HARVEY KEITEL
HITCHHIKER
JIMMY LENNOX
LINE DANCING
LOUISE SAWYER
MEXICO
MICHAEL MADSEN
MONEY
MURDER
PEACHES
POLICE
ROAD TRIP
STATE TROOPER
SUSAN SARANDON
THELMA DICKINSON
THUNDERBIRD
TRUCK DRIVER
VAGABOND MOTEL
WAITRESS
WILD TURKEY

Solution on page 154

The Lord of the Rings: The Fellowship of the Ring

J J Y C Y G Q R Z S E V T S A U R O N J
P Z M W J P Q J S V F F D I X L A Z U S
P B H Q R T M N C M E R R Y E U K Q T B
H W U W L X I Z R K X O A J T E I E G M
E X Y Q S L D I O P M D G W J T V F X I
T C S E B N D R L F U O N X D I S J S W
Y G A O R L L L O V D B E U L L H E W D
E E G M A G E S I W M A S M S H I O C Z
N L C H M D E G X O S G I H O I R F P M
R U V W N N A H O F O G T K N R E T N H
U Q Y E I A R D T L T I T V A L D J E N
O I V M S I T U L F A N F D L F A O W A
J I S Q H N H U P R L S N O E C L C R M
R S P X U H M V W L Q A W A I F B H A U
Y I R O D N O G W H W S D T R R L L O R
H L M E U N N B Q O H J N N D A U H G A
I D V O G I A G B I L B O B A G G I N S
J U O H R N I P P I P H R A L G R O I G
W R N J W O A Q F L T O L V A D O A R V
B Z C M A M B R Q P F S E O G V M I M N

ARAGORN
ARWEN
AXE
BILBO BAGGINS
BOROMIR
BOW AND ARROW
DWARFS
ELROND
ELVES
EVIL
FELLOWSHIP
FRODO BAGGINS
GALADRIEL
GANDALF THE GREY
GIMLI
GOBLINS
GOLLUM
GONDOR
HOBBITS
ISENGARD
ISILDUR
JOURNEY
LEGOLAS
MERRY
MIDDLE EARTH
MINES OF MORIA
MORDOR
MORGUL BLADE
MOUNT DOOM
ORCS
PIPPIN
RANGER
RING
RINGWRAITHS
RIVENDELL
SAMWISE GAMGEE
SARUMAN
SAURON
SHIRE
SWORD

Solution on page 154

Easy Rider

B Q R I A A J F D C S H L G M M B X S U
P A B I K E R S R O P I R T D A O R M R
E L V G I E E I J I M B E A M J K T W O
D H O H E N I D R U N K E N L A W Y E R
R N I D N O S L O H C I N K C A J F E L
I E O P L O R E S A R G S I D R A M C M
F M P R P N P G J E X T R B J X Z N O J
T C I P K I G R E I R E K I H H C T I H
E V H F O N E M Y H M V I K V U O L I T
R W S A B H Y S K A A D N O F R E T E P
F B D Q T N S N N P H N H E C H D R C H
M I N A M O S I B A S R S Y T K W A I W
L L E C L I A J N R E L C O X I L G V C
V L I S L T E T E N O L R F N I H Y G K
Y Y R U P A Q D I H E B R P F W S T H N
V X F A Y T I D O S Z D W O A I D U F R
O H C R O S S C O U N T R Y W R R P W H
W Y A T T S L X T B Y N O Z K E A E L X
J C J U W A N A I S I U O L N L N D H D
D W O N S G C I G A R E T T E S J Y E S

ALCOHOL
BIKERS
BILLY
BROTHEL
CALIFORNIA
CAPTAIN AMERICA
CIGARETTES
CROSS COUNTRY
DENNIS HOPPER
DEPUTY
DINER
DRIFTER
DRUNKEN LAWYER
FREEDOM
FRIENDSHIP
GAS STATION
GEORGE HANSON
HIGHWAY
HIPPIES
HITCHHIKER
JACK NICHOLSON
JAIL CELL
JIM BEAM
LEATHER JACKET
LOUISIANA
MARDIS GRAS
MOTEL
MOTORCYCLES
NEW ORLEANS
OUTSIDERS PARADE
PETER FONDA
ROAD TRIP
SHERIFF
WYATT

Solution on page 154

Apollo 13

S T E N A L P M E A S L E S Z C M Q B L
S K N A H M O T W M S U R V I V A L I A
O M A I W O T U A N O R T S A U N L O U
R D V T R E G I W S K C A J T D E E M N
S N A D H B S I R R A H D E M N G V E C
L L E V O L N Y L I R A M P O O Y O D H
K R S L I V E B R O A D C A S T X L S A
S Z I J L R E E H O N O R T P X O M N L
K E N M A T T I N G L Y E T H A T I O L
R R I Q B T R Y O Q N T V C E P E J I E
E O S B E R I F I A U C E U R L C U S N
T G Y R U O H T S E N I F D E L H Y O G
S R R N O I T A S N E D N O C I N I L E
A A A X P E O N I D F U Q L C B I K P N
S V G Q W A L O M Y O M I H A N C T X E
I I M O O R L O R T N O C A B N I V E K
D T F P L T O M A R G O R P E C A P S R
G Y E I C H P P N H A C C I D E N T D A
L I F E B O A T U F R E D H A I S E G N
O Q U S L L E C L E U F H O U S T O N Z

ACCIDENT
APOLLO THIRTEEN
ASTRONAUT
ATMOSPHERE
BILL PAXTON
BIOMEDS
CHALLENGE
CONDENSATION
CONTROL ROOM
DISASTER
DOOR
DUCT TAPE
EARTH
ED HARRIS
EXPLOSION
FEVER
FINEST HOUR
FIRE
FRED HAISE
FUEL CELLS
GARY SINISE
GENE KRANZ
HONOR
HOUSTON
JACK SWIGERT
JIM LOVELL
KATHLEEN QUINLAN
KEN MATTINGLY
KEVIN BACON
LAUNCH
LIFEBOAT
LIVE BROADCAST
LUNAR MISSION
MARILYN LOVELL
MEASLES
MOON
NASA
ORDERS
OXYGEN
PLANETS
SPACE PROGRAM
SURVIVAL
TECHNICIANS
TOM HANKS
ZERO GRAVITY

Solution on page 154

A Perfect Storm

H S I F D R O W S S J P O O L H A L L H
S H K R A H S T T E S U H C A S S A M E
W X Z U E L U H J O H N C R E I L L Y L
D R O F T A H S Y B B O B T N Q X F Z I
D A V I D S U L L I V A N I T S I R H C
N T I V R D R O H C N A A A W U W E P O
A G A C A Y R C X D Y T T Y I C V D X P
L B E O E I I I R N P X U E L O G P N T
S I M O B M C E T A V E R N L X R I A E
I T N Z R G A H C G E U A Y I Y E E R R
E I O D C G N C I T N A L T A H T R O N
L D L R A H E I H X K N D Y M P S R M W
B A L I M G G C H I O Z I L F R E E L O
A L L E N E R I L S N Q S L I U C S E R
S W C E H J A E E O I E A I C M U C A B
Y A Y G B T C R E A O F S B H E O U H B
U V D I A N E L A N E N T B T L L E C O
P E S U O H T H G I L R E U N A G O I B
C O A S T G U A R D F A R Y E D C V M X
B U G S Y G R E B L H A W K R A M Y S S

ALFRED PIERRE
ANCHOR
ANDREA GAIL
BILLY TYNE
BOB BROWN
BOBBY SHATFORD
BUGSY
CAPTAIN
CHRISTINA
COAST GUARD
DALE MURPHY
DAVID SULLIVAN
DIANE LANE
ETHEL
FISHING BOAT
GEORGE CLOONEY
GLOUCESTER
HELICOPTER
HURRICANE GRACE
ICE MACHINE
IRENE
JOHN C REILLY
LIGHTHOUSE
LINDA GREENLAW
MARK WAHLBERG
MASSACHUSETTS
MICHAEL MORAN
NATURAL DISASTER
NORTH ATLANTIC
PIER
POOL HALL
RESCUE
SABLE ISLAND
SHARK
STORM
SWORDFISH
TAVERN
TIDAL WAVE
THERES ONLY LOVE
WILLIAM FICHTNER

Solution on page 154

Planes, Trains, and Automobiles

I K X A T I C K E T S I U O L T S V B L
F R N S U S A N P A G E G A P L A E N B
J O U U B X W I A D V E R T I S I N G F
G Y M O R I T A R B B U R N E D C A R H
Z W C M S T H R K L N F T E L Y N D W I
C E H Q C S G T A A I B H M M E I A I G
E N A K U T I Y V B K R A E H N T T C H
C X T B H A L M E B M I N E E O R L H W
I G T S T T F O N E O E K R N M A V I A
G K Y L I E D G U R O F S G N N M I T Y
A Y C E F T E A E M R C G A I E E L A W
R D A W F R L C O O L A I L D L V L D A
E N T O I O E I N U E S V A O O E I E L
T A H T R O C H B T T E I T O T T N G L
T C Y T G P N C S H O L N N W S S O A E
E N D E L E A N H H M U G E D L I I G T
S H O W E R C U R T A I N R I N G S G H
K O L P D Z B C R E D I T C A R D S U I
Y J L J O F U P I C K U P T R U C K L E
X E N A L P R I A U T O M O B I L E A F

ADVERTISING
AIRPLANE
AUTOMOBILE
BLABBERMOUTH
BRAIDWOOD INN
BRIEF CASE
BURNED CAR
BUS
CANCELED FLIGHT
CHATTY CATHY DOLL
CHICAGO
CIGARETTES
CREDIT CARDS
DEL GRIFFITH
DINERS CLUB CARD
HIGHWAY
ILLINOIS
JOHN CANDY
LUGGAGE
MISSOURI
MOTEL ROOM
NEAL PAGE
NEW YORK
PARK AVENUE
PICKUP TRUCK
RENTAL AGREEMENT
SHOWER CURTAIN RINGS
ST LOUIS
STATE TROOPER
STEVE MARTIN
STOLEN MONEY
SUSAN PAGE
THANKSGIVING
THIEF
TICKETS
TRAIN
TRUNK
WALLET
WET TOWELS
WICHITA

Solution on page 154

Pirates of the Caribbean: The Curse of the Black Pearl

M R G I B B S O R L A N D O B L O O M L
I C E P P E D Y N N H O J M R H Q D U P
Y C O M P A S S S A Z T E C C O I N S T
C E F D K F N D Y T H G I F D R O W S W
A R F R E K C O L S E N O J Y V A D U W
P U R O I O P W T H G I L N O O M B E S
T S E Y R M F I N T E R C E P T O R S T
A A Y A A G U T R O T R N S B O C D X W
I E R L K Z T R H A K O B Q T P B A R Y
N R U N N P O P P E T N N S I O H U E B
O T S A I E L I Z A B E T H S W A N N L
I D H V G O V E R N O R S W A N N T R A
L V I Y H N H E B Z A O E R D S M L U C
L B L A T A T F V P T D O T O D O E T K
A E L L L X T M B X O O F X H C N S L P
D S I R E Y N I T U M M K W G R K S L E
E R N A Y B L A C K S M I T H D E M I A
M U G P O L P O R T R O Y A L J Y N W R
U C S W O R R A P S K C A J S F F X K L
Y V V A S S O B R A B S W O L L A G P R

AZTEC COINS
BARBOSSA
BLACK PEARL
BLACKSMITH
BOOTSTRAP BILL
CAPTAIN
CODE OF THE BRETHREN
COMMODORE NORRINGTON
COMPASS
CORSET
CURSE
DAUNTLESS
DAVY JONES LOCKER
ELIZABETH SWANN
GALLOWS
GEOFFREY RUSH
GOVERNOR SWANN
INTERCEPTOR
JACK SPARROW
JOHNNY DEPP
KEIRA KNIGHTLEY
MEDALLION
MONKEY
MOONLIGHT
MR GIBBS
MUTINY
ORLANDO BLOOM
PARLAY
PIRATES
POPPET
PORT ROYAL
ROYAL NAVY
RUM
SAVVY
SHILLINGS
SHIP CREW
SWORD FIGHT
TORTUGA
TREASURE
WILL TURNER

Solution on page 155

The Wizard of Oz

K G V Q Q I B L O L L I P O P G U I L D
P H S R E P P I L S Y B U R F Q H O L A
F C C O W A R D L Y L I O N R L D G U N
D T C Y H T O R O D B F K L I A Y N S D
W I N G E D M O N K E Y S H N C T J E Q
R W V Q A L Q L H S F J Y R O I I A E P
Y D B Z R O L O S Z X R O U E S C C R Q
R E R J T T M O O T O T R E W U D K T M
O K A T V E R F W R H A M P N M L H E T
K C I T S M O O R B G N I Y L F A A L Q
C I N I A D R Y B E R T L A H R R L P Z
I W C R R Y C O U N T I N G S H E E P V
H K V A F Y R N E H E L C N U B M Y A H
U E Z Y L B I L L Y B U R K E K E Z M J
L I K B W O B N I A R E H T R E V O W S
W J J O I S N I K H C N U M G O R K A W
O O G L I N D A Q M H O U R G L A S S H
O H C G S H F J U D Y G A R L A N D U X
I A N E S U O H M R A F R R N A M N I T
N W O R C E R A C S T T X B K O K I M C

APPLE TREES
AUNTIE EM
BERT LAHR
BILLY BURKE
BRAIN
COUNTING SHEEP
COURAGE
COWARDLY LION
DOROTHY
EMERALD CITY
FARMHOUSE
FLYING BROOMSTICK
GLINDA
HEART
HICKORY
HOMESICK
HOUR GLASS
HUNK
JACK HALEY
JUDY GARLAND
KANSAS
LOLLIPOP GUILD
MUNCHKINS
MUSICAL
OIL CAN
OVER THE RAINBOW
PROFESSOR MARVEL
RAY BOLGER
RUBY SLIPPERS
SCARECROW
TINMAN
TORNADO
TOTO
UNCLE HENRY
WICKED WITCH
WINGED MONKEYS
WIZARD OF OZ
YELLOW BRICK ROAD
ZEKE

Solution on page 155

Wild Hogs

N K Q K W M G D U W P N S A S J O F N B
T O S X C O U I O C I X E M W E N R P O
Y E B U A P O R G O L D E N K N I G H T
T F I B M U D D A M I E N B L A D E Y S
U U K Y P A D A Y P J C T S I T N E D R
P E E B I N C M U U M N E L L A M I T E
E L R B N A L E A T H E R J A C K E T S
D L S O G E U F L E D R W F T A T T O O
U I J B M C B A R R M W N M H Y Q C W P
D N A M L O R T A P Y A W H G I H U A I
L E C O L C D L Q R R L M R I F E H T T
E S K T U I C E J O H N T R A V O L T A
Y H B O B F E N E G P I R T D A O R O N
M E L R E I S S E R T T A M R I A W I N
A R A C H C N P F A F R E N I D G X L I
G I D Y T A S O Z M B A N K R U P T Y C
G F E C P P Y C A M H M A I L L I W A N
I F M L A V I T S E F I L I H C N R R I
E L X E L V D M A R I S A T O M E I R C
N Y N S S G O H D L I W S Z O O M G Q V

AIR MATTRESS
BANKRUPT
BIKERS
BOBBY
CAMPING
CHILI FESTIVAL
CINCINNATI
COMPUTER PROGRAMMER
DAMIEN BLADE
DEL FUEGOS
DENTIST
DEPUTY
DINER
DOUG
DUDLEY
FREEDOM
FUEL LINES
GOLDEN KNIGHT
HIGHWAY PATROLMAN
JACK BLADE
JOHN TRAVOLTA
LEATHER JACKETS
MADRID
MAGGIE
MARISA TOMEI
MARTIN LAWRENCE
MOTORCYCLES
NEW MEXICO
PACIFIC OCEAN
POSERS
RAY LIOTTA
ROAD TRIP
SHERIFF
SLAP THE BULL
TATTOO
THE FIRM
TIM ALLEN
WILD HOGS
WILLIAM H MACY
WOODY

Solution on page 155

Six Days Seven Nights

```
Y G X J E K B B M R O B I N M O N R O E
N N W X P K P I E N A L P O G R A C Z F
E I R O J R A M K A Q A C I L E J N A I
D D T M G D G N A I C A J S G E X H M L
D N F R L N T U S G N O D G M C M A S E
M A U J A L I G H T N I N G S T O R M L
U L V G S M K R S Y F I A E G I T R F P
C R G I E P K A T F D E L O F C O I K M
C E H H D R E N I N H O S E R T R S C I
A T W C O S A L A C E W I E I O B O O S
N A E Y H W C L E R A M D D E L O N C R
N W W T I M H H F E F X E Y D I A F A A
O E U D A S E E W G N E T G R P T O E L
N O F I A N C E E I N A R B A S Y R P U
S L T R N H U I L I M H E R D G P D I C
V A C A T I O N Z R M M S C I J N A R O
I T N I N F L A T A B L E B O A T E A N
C Q X D R V G Y L E Q X D R T A H I T I
E S I R R A H N N I U Q C N I P F V E B
N K C O M P L I C A T E D W X A N A X W
```

ANJELICA
ANNE HECHE
BEACON
BIKINI
BINOCULARS
CANNONS
CARGO PLANE
CLIFF
COMPLICATED
CRASH
DAVID SCHWIMMER
DESERTED ISLAND
ENGAGEMENT RING
FIANCEE
FLARE GUN
FRANK MARTIN
FRIED RADIO
HARRISON FORD
INFLATABLE BOAT
LANDING GEAR
LIGHTNING STORM
MAGAZINE EDITOR
MAI TAI
MARJORIE
MOTOR BOAT
NEW YORK
OCEAN
PEACOCK
PILOT
PIRATE
QUINN HARRIS
ROBIN MONROE
SAND
SIMPLE LIFE
SNAKE
SOUTH SEAS
TAHITI
VACATION
WATER LANDING
XANAX

Solution on page 155

CHAPTER 2: **And the Oscar Goes to . . .**

Forrest Gump

F B J Y H T U X W A S H I N G T O N D C
B R E G N I S K L O F H U R R I C A N E
Z Q N U S P R E S I D E N T S W I O U M
F P N C K T H G I R W N I B O R G K O E
A M Y J P E O L P M U G A M A M N N W D
M U C G R P A R K B E N C H S G N G R A
P G U J E F F E R S O N M E M O R I A L
U T R T N A D T N A N E T U E I L D L O
T S R E H T N A P K C A L B V N M E L F
E E A F O O T B A L L D G M R E R D O H
E R N J O B H G N O P G N I P W O N D O
T R E T U P M O C E L P P A L Y D I N N
A O Z B C T A O B P M I R H S E E M O O
G F B L S V H E S I N I S Y R A G E I R
R A T N K C H U R C H C H O I R E L L E
E W U Z F C D L E I F Y L L A S L P L H
T C P O T S S U B E C A R B G E L M I T
A E X W C F R A W M A N T E I V O I M A
W O H S K L A T O M H A N K S E C S D E
B E I P P I H A M A B A L A X F K I N F

ALABAMA
AMPUTEE
APPLE COMPUTER
BLACK PANTHERS
BOX OF CHOCOLATES
BUBBA
BUS STOP
CHURCH CHOIR
COLLEGE DORM
FEATHER
FOLK SINGER
FOOTBALL
FORREST GUMP
GARY SINISE
HIPPIE
HURRICANE
JEFFERSON MEMORIAL
JENNY CURRAN
LEG BRACE
LIEUTENANT DAN
MAMA GUMP
MEDAL OF HONOR
MILLION DOLLAR WOUND
NEW YEARS EVE
PARK BENCH
PEAS AND CARROTS
PING PONG
ROBIN WRIGHT
SALLY FIELD
SHRIMP BOAT
SIMPLE MINDED
TALK SHOW
TOM HANKS
TREE
US PRESIDENTS
VIETNAM WAR
WASHINGTON DC
WATERGATE

Solution on page 156

Casablanca

Y F W E F R U C A S A B L A N C A P P C
N H C P C P R A I L W A Y S T A T I O N
O O A A K J L P S E I R M R C N H Y A U
I S S U R C R T A T V Z A H P S W M I F
T M I L O G M A S O I G A I D C R O R U
P V N H I K C I I H O M A N D E L E O Q
U Q O E L W D N V B P N E A G Z E W U U
R L J N O L Y R Y A O I M G S D P A L E
R S I R A P D E G P R N A A O T R G E O
O I L E I U R N L F W G L M E E I E T O
C T S I R H E A L O Y R F G N K S R T E
C J A D P F Y U R G O I D T I C O B E J
O Y L M O E F L F T G D L J A O N S Y Q
R N U G R I D T C H L B O P L P E M P G
O H N X T W W I T U N E E A B K R S O D
M C D U A Z V E T E K R A M K C A L B S
G M A R X O R R E F U G E E C I R L V F
S E T T E R A G I C F M B M I P J M L B
B W N I G H T C L U B A O G R R Y S G M
O E V U G D O C U M E N T S F G I X J X

AIRPORT
ALCOHOL
AS TIME GOES BY
BAR
BEAUTIFUL FRIENDSHIP
BLACK MARKET
CAPTAIN RENAULT
CASABLANCA
CASINO
CHAMPAGNE
CIGARETTES
CORRUPTION
CURFEW
DOCUMENTS
DOOLEY WILSON
ESCAPE
FOG
FREEDOM FIGHTER
GERMAN
HOTEL
HUMPHREY BOGART
ILSA LUND
INGRID BERGMAN
MOROCCO
NAZI
NIGHTCLUB
OLD FLAME
PARIS
PAUL HENREID
PIANO PLAYER
PICKPOCKET
PRISONER
RAILWAY STATION
REFUGEE
RICK BLAINE
ROULETTE
SAM
VICTOR LASZLO
VISAS
WAGER
WORLD WAR TWO

Solution on page 156

Chicago

I X T S R E H P A R G O T O H P G N Y M
Y R S S E N I S U B W O H S F K O W A A
S E N O J A T E Z E N I R E H T A C L R
Y P O R T H H K R J O H N C R E I L L Y
T A I O Q P D I A R Y O H O M E T E A S
I P S U F O T W E L S I M U L H A E W U
C S S Q Z L V T E I C A R Z A P Y M F N
I W E I U L A S R A M D Z T I U E Y C S
L E F L D E A P G A E A J O R P D L H H
B N N X H C E O M R D A Z N T P I L O I
U N O T D R E N E E Z E L L W E G E R N
P Y C E J M O G L Z F Y V V K T G K U E
A L R U A R D Z L A C I S U M M S A S I
M F R F T R Z N O I T I D U A A N M G U
O Y A A A A D O M I N I C W E S T L I L
S L M H R L A D N A C S F N E T W E R Y
H L C W T G N I C N A D P A T E G V L C
A I B U L C T H G I N D C M H R M M S U
R B A N D L E A D E R O X I E H A R T L
T S L A V I R E L L I V E D U A V J X K

ALL THAT JAZZ
AMOS HART
AUDITION
BANDLEADER
BILLY FLYNN
CATHERINE ZETA JONES
CHICAGO
CHORUS GIRLS
CONFESSION
DIARY
DOMINIC WEST
FAME
FRED CASELY
JOHN C REILLY
LIQUOR
LUCY LUI
MARY SUNSHINE
MATRON MAMA MORTON
MR CELLOPHANE
MURDER
MUSICAL
NEWSPAPER
NIGHTCLUB
PERJURY
PHOTOGRAPHERS
PRISON
PUBLICITY
PUPPET MASTER
QUEEN LATIFAH
RAZZLE DAZZLE
RENEE ZELLWEGER
RICHARD GERE
RIVALS
ROXIE HART
SCANDAL
SHOW BUSINESS
TAP DANCING
TAYE DIGGS
THEATER
TRIAL
VAUDEVILLE
VELMA KELLY

Solution on page 156

The Godfather

S X D T B B S Y U E N Y W E N X F J I U
X Z R E R S O A O E H D Q C J Z T A A X
V F A V O R G A N I Z E D C R I M E G X
Y J N B N O T A E K E N A I D F Q V G D
L C B P X N U G Y M M O T B E E Y T Q D
I O Q I G G E G J A M E S C A A N A M X
M S T C I V N O C S H L C G W J P L U P
A F D O N V I T O C O R L E O N E I R X
F I T B M O B R A C H O R S E H E A D U
Y P F C A T H O L I C C H U R C H S E Y
L A Y A R T E B K O O L E V I M A H R T
A S V S M O D E R F N E A L P A C I N O
T W M S Y O F R O D N A R B N O L R A M
I H N A A R U T Y Z I H T Y N F A E M H
P X M S D P S D W I E C A M B U S H T A
S G R S T A Z U E O R I T M A Q V R I G
O H Q I L D Y V N T I M T O F F E R H E
H S O N N Y A A B W Z A A C Y W G T Q N
G N I D D E W L K W Z P C L O Y A L T Y
K K E Z L K Y L I C I S K P T F S C W Y

AL PACINO
AMBUSH
ASSASSIN
BETRAYAL
BRONX
CAR BOMB
CATHOLIC CHURCH
CONNIE RIZZI
CONVICTS
CORRUPTION
DIANE KEATON
DON VITO CORLEONE
FAMILY
FAVOR
FREDO
HEART ATTACK
HITMAN
HORSE HEAD
HOSPITAL
ITALY
JAMES CAAN
KAY ADAMS
LAS VEGAS
LOYALTY
MAFIA
MARLON BRANDO
MICHAEL CORLEONE
MOB BOSS
MURDER
NEW YORK
OFFER
ORGANIZED CRIME
POWER
ROBERT DUVALL
SICILY
SONNY
TALIA SHIRE
TOM HAGEN
TOMMY GUN
WEDDING

Solution on page 156

Gone with the Wind

L M S A V A N N A H E G A X M F Y M K V
I Z N F X S H O R S E S Y A E A A F I Y
N C I I O L C I I O D M C I B R M V N S
W O A D D A I M R T R L H A R Z I M T S
P T T D Q V P G K A A C T I E E J U Y I
C T R L X I E X N R R T A W N Z A R A R
H O U E I R X O K E L G S L T R E S V P
A N C D E M I G K E E N E Y T V A F N S
R F L E I N A D C M E I T T A H S G I O
L I V E U B N H E L G N A L R W H L A U
E E D D L A J W E H S R S E L S L L T T
S L L E H S N J X I L U O S E R E I P H
T D G E O R G I A E N B A T T E Y M A E
O S C A R L E T T O H A R A O I W R C R
N S R E I D L O S D T T L T N L I E E N
N O I T A T N A L P F N T E M A L B E B
F I E E T W E L V E O A K S M V K M K E
D R A W O H E I L S E L N S C A E U N L
H D W L R E L T U B T T E H R C S L A L
H T R I B D L I H C R A W L I V I C Y E

ASHLEY WILKES
ATLANTA
  BURNING
BATTLE
BRENT TARLETON
CAVALIERS
CHARLESTON
CHILDBIRTH
CIVIL WAR
CLARK GABLE
COTTON FIELDS
CURTAINS
EPIC
ESTATE
FIDDLE DEE DEE
GEORGE REEVES
GEORGIA
HANDKERCHIEF
HATTIE MCDANIEL
HORSES
LESLIE HOWARD
LUMBER MILL
MAMMY
MARRIAGE
MELANIE HAMILTON
PLANTATION
PRISSY
RAILWAY STATION
RHETT BUTLER
RIVALS
SAVANNAH
SCARLETT OHARA
SLAVERY
SOLDIERS
SOUTHERN BELLE
STUART TARLETON
TWELVE OAKS
UNION ARMY
VIVIEN LEIGH
YANKEE CAPTAIN

Solution on page 156

Million Dollar Baby

C W E S W E L F A R E L C F S F A A I T
M H J S Y L Q V E M A N K C I N U M P V
Y C C E P R I E S T N A P E R G Z P N W
D L A R E G Z T I F E I G G A M H U L S
A I L T A H V P W S P Z C P K F F T L T
R N O I H B S H E N I L A N E R D A E B
L T F A M O R G A N F R E E M A N T T R
I E W W H K L E N Q U S P H I N M I T O
N A B E B O R I G Q A U I U S K O O E K
G S M C A L H A C N N L I O D I C N R E
M T A N G A D D P C A G R E N E U B S N
Y W S A N S L T H R H D L N U D I C N N
B O S L I V U I Y G E U V I O U S D Y O
L O E U X E N S U R R L R H R N H X D S
O D V B O G W O E E D Q I C X N L E P E
O W O M B A T G N O I P M A H C E J G Q
D S L A N S A O D E N G V M R Q J W P I
S S G K I N O I T C E T O R P T K G J G
R E N I A R T V J D R S B I R T H D A Y
V U Q M M W F R W N O I T A T S S A G M

ADRENALINE
AIR MACHINE
AMBULANCE
AMPUTATION
BIRTHDAY
BOSS
BOXING
BROKEN NOSE
CATHOLIC CHURCH
CHAMPION
CLINT EASTWOOD
DANGER BARCH
DINER
EDDIE DUPRIS
FIGHTER
FRANKIE DUNN
GAS STATION
GLOVES
GYM
HILARY SWANK
HOSPITAL
LAS VEGAS
LETTERS
MAGGIE FITZGERALD
MANAGER
MASS
MO CUISHLE
MORGAN FREEMAN
MY DARLING MY BLOOD
NICKNAME
ONE RULE
PRIEST
PROTECTION
PUNCHING BAG
ROBE
ROUNDS
TOUGH
TRAILER PARK
TRAINER
WAITRESS
WELFARE

Solution on page 156

The Sting

H H S L L I K S F G P M D N N F H F H B
O R N C R A X F H T R B M U G G I N G O
H B G P H X P G N C A R D P L A Y I N G
P A U L N E W M A N P C C P O N P O I A
O R J W E S M U M M Q L L H N G I V T C
L B J X A M T E E T B O E D I S C S A I
I E T O N H I P L R H L R H S T K N E H
C R R C H M S R O O H O I E A E P A H C
E S A A O N K T C J F L R N C R O G C H
T H I R J N N L R D L P A R G P C E B A
G O N O M E A Y E E E T N Y M V K N U S
E P S U M I B R H D B Z H G A K E N T E
S R T S K A T T T O R O I O F R T O H H
I E A E X R O A U I O C R N I U T L T K
M T T L E R E I L A S K P D A F N E A N
U F I B B R T F A V J T E O A G Q L B D
R I O N G S S E C A R E S R O H R Y W M
D R N K I Z C O U N T E R F E I T O N E
E G N E V E R E K O P T B F P Y O D K P
R Z H K I S R R F S M L W O P T L C X N

ALCOHOL
BANK
BARBERSHOP
BATHTUB
BETRAYAL
BROTHEL
CARD PLAYING
CAROUSEL
CASINO
CHASE
CHEATING
CHICAGO
CON ARTISTS
COUNTERFEIT
DOYLE
LONNEGAN
GAMBLING
GANGSTER
GREAT
DEPRESSION
GRIFTER
HEIST
HENRY
GONDORFF
HORSE RACES
JOHNNY HOOKER
LUTHER COLEMAN
MAFIA
MENTOR
MUGGING
MURDER
ORGANIZED CRIME
PAUL NEWMAN
PICKPOCKET
POKER
POLICE
REVENGE
ROBERT REDFORD
ROBERT SHAW
SCHEME
SKILLS
TRAIN STATION

Solution on page 157

American Beauty

P R G G U G X E O R D I N A R Y M M N A
M E N A S U V A R I C K Y F I T T S N B
A T J B R M B G N Y L O R A C H R N U L
L S S C Q D Y N A S E Y A H A L E G N A
A E X I U S E I Y F G D N A N T D E O C
V L W T I R C N H R N E F R T R R W I K
A R E S T O A I I A A P A E S T O X S M
L I S A T B P A C N R R B M I H S E S A
A G B L I H S R O K G E K A S O E S E I
K L E P N G N T L F N S R C I R P U S L
E O N Z G I I T O I I S H O R A E B B O
G O T X J E V H N T T I N E C B T U O T
A H L P O N E G E T O O V D E I A R O S
R C E Y B O K I L S O N W I F R L B G I
A S Y T R A G E D Y H Q R V I C S S Q P
G H Q C J F L W S S S W L E L H S U R C
N G T X E U C H E E R L E A D E R U E Y
A I V X R N X R E P O O C S I R H C G Y
T H R I R S A E U X N X R U M P U S A H
L D P E C K X J F F A V F B G W S M P J

ANGELA HAYES
ANNETTE BENING
BLACKMAIL
CAROLYN
CHEERLEADER
CHRIS COOPER
COLONEL
CRUSH
DEPRESSION
DINNER TABLE
FRANK FITTS
GARAGE
GARDENING SHEERS
HIGH SCHOOL
I RULE
JANE
KEVIN SPACEY
LAVA LAMP
LESTER
MENA SUVARI
MIDLIFE CRISIS
MURDER
NEIGHBORS
OBSESSION
ORDINARY
PAGER
PISTOL
PLASTIC BAG
QUITTING JOB
RED ROSE PETALS
RICKY FITTS
SHOOTING RANGE
SUBURBS
THORA BIRCH
TRAGEDY
VIDEO CAMERA
WEIGHT TRAINING
WES BENTLEY

Solution on page 157

Lawrence of Arabia

T P Y G E R E P O R T E R C A S S A M Y
N E M N Y E C Q W Q E X P L O S I O N C
A T P I M V X U D V A O P L L A T X U S
F E R T J B R I T I S H C O L O N I A L
S R I O G U E R R I L L A A R M Y U E W
Q O N O I T U C E X E G N C M N D C S Y
W T C L I E U C S E R T Y J M I N A H Y
Z O E I X K D Y E P H C D I A E B E E R
B O F U S R X P D O L M L R R O I M I A
A L E C G U I N N E S S A W T N L Y K T
T E I E E U I Y A T U B A A D U A T R I
T F S R R Q Q C I M I L G L V G F A A L
L D A U E U C A B A E E O W U E I E I I
E S L T I I V M A T M N S M Y N R R D M
E O G N D C W O R L D W A R W I E T S G
F Z N E L K A L A O O L L R F H H W J Z
T B N V O S P P N R S A E P T C S L Q K
C T F D S A M I D I V C M C N A X J K R
X U K A R N G D K A K A A X H M V R J V
P R N U Q D K C C C C K C R U G D S Q Q

ADVENTURE
ALEC GUINNESS
ANTHONY QUINN
ARABIAN DESERT
AUDA ABU TAYI
BATTLE
BRITISH COLONIAL
CAIRO
CAMEL
CAMPFIRE
CAVALRY
DIPLOMACY
EGYPT
EXECUTION
EXPLOSION
GUERRILLA ARMY
ISLAM
LONDON
LOOTING
MACHINE GUN
MASSACRE
MILITARY
MOTORCYCLE ACCIDENT
MUSLIM
QUICKSAND
PETER OTOOLE
PRINCE FEISAL
RAIDS
REPORTER
RESCUE
SABOTAGE
SAUDI ARABIA
SHEIK
SHERIF ALI
SOLDIER
SWORD
TE LAWRENCE
TRAIN WRECK
TREATY
WORLD WAR

Solution on page 157

Braveheart

V E B M T A E E T E I L S D R A U G I Y
V R D T P D D E Z S D M S A E L C N U Y
N U Y E L A V E I D E M M P S V P I Y B
H T S N S O S P R G R R S R F C R L U W
E R C O K E V A N L Z X O C N A I R B V
U O O S Y L W E A D F I P F A L N E U L
G T T B G D V Y R O R E H T M V C T H J
G F L I E E A O Q R A P I Y E A E S L Y
A U A G R R W C A M P B E L L R S S Z C
U V N L T S T W G X J B M L B Y S J G D
D I D E K L I T E L T T A B O I I K C W
K M B M N I J O H Z Z W R F N N S W H R
A C A T H E R I N E M C C O R M A C K R
N H A L F K H K K A B E E A V E B L R H
G O A X C R S E I Z P R A D S P E A R S
U R R N Q O I L P Z C O U W K T L D P U
T S A R G Y L E W A L L A C E V L M O B
S E U D U I G M N O I T U C E X E E W M
G S I H W M N M M N D K G T R M G G A A
B E F T Y D E G A R T C S R I X F O S E

AMBUSH
ARGYLE
WALLACE
BATTLE
BETRAYAL
BRIAN COX
CALVARY
CAMPBELL
CASTLE
CATHERINE
MCCORMACK
ELDERSLIE
ENGLISH
EXECUTION
FALKIRK
FOREST
FREEDOM
GUARDS
HANGING
HERO
HORSES
KING EDWARD
MALCOLM
MEDIEVAL
MEL GIBSON
MURRON
NOBLEMAN
PRINCESS
ISABELLE
REVENGE
REVOLT
ROBERT THE
BRUCE
SCOTLAND
SOPHIE MARCEAU
SPEARS
STERLING SWORD
TORTURE
TRAGEDY
UNCLE
WARRIOR
WILLIAM WALLACE
YORK

Solution on page 157

CHAPTER 3: A Little Romance

The Notebook

X O B L I A M H O N A I P B T H N K D E
J P R M Z F U G U D T N C G C C O N L X
A L Z H E I M E R S E K A C N A P A J C
M L A C I N O M R A H R E T N E P R A C
E T L N U R S I N G H O M E R B K F M A
S L W I I V U S D E L Y B I C Y C L E R
G E G Y E L T O V D R A P E H S M A S N
A E N C H H O P O R C H S W I N G I M I
R H N O I T A R O T S E R E S U O H A V
N W R A A N S M A D A C M L E H C A R A
E S P R R H G N I C N A D T E E R T S L
R I F P O O C O L L H C N X K T F N D P
O R K Z V B W A L E T T E R S I I E E A
W R E M M U S L L T C O U X B R R M N I
B E X V R E C N A H C D N O C E S E U N
O F D N O M M A H N O L Y C S S T G R T
A L U M B E R Y A R D U K E W W L A S I
T C B U M P E R C A R S N O M I O G E N
U D C G N I L S O G N A Y R Q N V N S G
I T F I W U K O O B E T O N F G E E S E

ALLIE HAMILTON
ALZHEIMERS
BEACH
BICYCLE
BUMPER CARS
CARNIVAL
CARPENTER
DUKE
ENGAGEMENT
FERRISWHEEL
FIN
FIRST LOVE
FRANK
GEESE
GENA ROWLANDS
HARMONICA
HOUSE RESTORATION
JAMES GARNER
JAMES MARSDEN
LETTERS
LON HAMMOND
LUMBERYARD
MAILBOX
NOAH CALHOUN
NOTEBOOK
NURSE
NURSING HOME
PAINTING
PANCAKES
PIANO
PORCH SWING
RACHEL MCADAMS
ROWBOAT
RYAN GOSLING
SAM SHEPARD
SECOND CHANCE
SOUTH CAROLINA
STREET DANCING
SUMMER
TIRE SWING

Solution on page 158

From Here to Eternity

X M O M O U O B J W B D S B E A C H N J
M A R T I N I L N G C F R E K E I S A C
C W O F H L D A E C O N F E R E N C E S
B O X I N G I I D P I N Q N U G K M Y N
S L A L G U A T R J X W E Z B W E Z I S
Y K D C R G F R A N K S I N A T R A F S
K O E Y Z M A A W R T Q S R M S T S N Z
X N R R S I G M N B Y M D A L P D L P T
D F T E N N P T O H D E E R A N N O D W
X J H M T X U R T L N G Y C U A L R O W
H K G O A S G U L S E M L O H N E R A K
Y O I G I N A O I H R G W Y K A L E F E
V F E T I T L C M A O O N U T D S K N S
L F W N Z R C I N W Y D A A W B O H Z K
J I E O D R O B R A H L R A E P L A W C
B C L M D H H L N I L S R A F U D R G A
G E D A K C O T S I P T W V N T I O F R
V R D T A B L T T I W E R P T R E B O R
H S I L Z K I P H O G T V U U X R E S A
G P M D T Q O S S W I T C H B L A D E B

ALCOHOL
ALMA BURKE
ARMY
ANGELO MAGGIO
AWOL
BARRACKS
BEACH
BOXING
BURT LANCASTER
CAPTAIN
CONFERENCE
COURT MARTIAL
DEBORAH KERR
DONNA REED
ERNEST BORGNINE
FRANK SINATRA
HAWAII
JACK WARDEN
KAREN HOLMES
MARTINI
MIDDLEWEIGHT
MILITARY
MILTON WARDEN
MONTGOMERY CLIFT
OFFICER
PEARL HARBOR
ROBERT PREWITT
SERGEANT
SHIP
SOLDIER
STOCKADE
SWITCHBLADE
WORLD WAR TWO
WOUND

Solution on page 158

An Affair to Remember

H C V N E Q A P A I N T I N G O R D T D
A S Q U M E P E G A N A H P R O O U L L
E U R O P E W I H O S P I T A L M V M J
L G V P I N K C H A M P A G N E A S L B
Y W O A R L D J Y S A C C I D E N T R T
E E L K E Y O B Y A L P G E M G C R E B
P A L T S T T I C N X H J I O L E V U R
H L E D T W X I S I T T B J T K O C N D
O T H E A T E R C C G J N L H L A B I M
T H L O T R M Y L K L A N A E C O S O K
O Y F T E X B U M I R A R U R P U E N K
G F W L B E B H Q E M O R E R G A C E Q
R I T O U S F D T F B T Y K T S Y H I T
A A X R I A H C L E E H W W E T Q R C B
P N N N L L W R D R N E V A E H E I A A
H C G Q D M I U Z R M N N I D N N S Y C
E E Q T I F B I K A N W E I V R E T N I
R E D M N S M S U N R S O K M H V M B X
E N G A G E M E N T E R R Y M C K A Y A
V Y T A U R T E L E G R A M B T G S D T

ACCIDENT
CARY GRANT
CHAPEL
CHRISTMAS
CIGARETTES
CRUISE
DEBORAH KERR
EMPIRE STATE BUILDING
ENGAGEMENT
EUROPE
GRANDMOTHER
HEAVEN
HELLO
HOSPITAL
INTERVIEW
KENNETH BRADLEY
LOIS CLARK
NEW YORK CITY
NICKIE FERRANTE
NIGHT CLUB SINGER
OCEAN
ORPHANAGE
PAINTING
PHOTOGRAPHER
PINK CHAMPAGNE
PLAYBOY
REUNION
ROMANCE
SHIP
TELEGRAM
TERRY MCKAY
TAXI CAB
THEATER
TRUE LOVE
WEALTHY FIANCEE
WHEELCHAIR

Solution on page 158

P.S. I Love You

S M A I L L I W R O W B O A T W I D O W
I R L A R E N U F P R E G N A N C Y Y I
B X E K T K N S H O E D E S I G N E R S
J E A T E S O N N E K O R B R A T I U G
H Y T E T F V N C E N T R A L P A R K E
A Y H T N E M T R A P A Y A D H T R I B
N D E T E F L K A R A O K E C N A M O R
G E R A R D B U T L E R E D N E T R A B
O N J P J H A R R Y C O N N I C K J R K
V N A E X S E V J L E I N A D N J C N P
E E C R S I N G I N G T E L E G R A M D
R K K E J E G S D S W S D W K H W E S N
O Y E C S T A D I U M Z Y F A S M F H A
T L T O P K G P S I L O V E Y O U V A L
L L Y R U B E D H D R Z V R R K Z N R E
A O O D H A M E G K B R A I N T U M O R
E H R E F H E H C E L L E G E K D D N I
R O G R D E N I S E I S N F I S H I N G
W A I C I R T A P H S R E D N E P S U S
S E T A B Y H T A K A E R B T R A E H X

APARTMENT
BARTENDER
BETTE DAVIS MOVIES
BIRTHDAY
BRAIN TUMOR
BROKEN NOSE
CENTRAL PARK
DANIEL
DENISE
ENGAGEMENT
FISHING
FUNERAL
GERARD BUTLER
GERRY KENNEDY
GUITAR
HANGOVER
HARRY CONNICK JR
HEARTBREAK
HILARY SWANK
HOLLY KENNEDY
IRELAND
KARAOKE
KATHY BATES
LEATHER JACKET
LETTERS
LISA KUDROW
MEMORIES
NEW YORK CITY
PATRICIA
PREGNANCY
PS I LOVE YOU
REALTOR
ROMANCE
ROWBOAT
SHARON
SHOE DESIGNER
SINGING
TELEGRAM
STADIUM
SUSPENDERS
TAPE RECORDER
WIDOW
WILLIAM

Solution on page 158

Ghost

L U V M D O E X S B E T R A Y A L L E Y
H G Y M F X X M U L Q T E B R X F G J O
C U R O A Z K P B G N O N R E D R U M V
I Y E R O O M I M E D X U Q B E W D G I
H V T C G Z S Q V A Z E R U B J O S Q J
C M T Q N I P A M V H Z B D O D M U O S
Y J O B V A E A T B T P L U R L U P L I
S T P N G H E U T C H O R E Y S G E O R
P N I S E B B S W R G L A U M L G R M G
I P Y C R Y Z O K I I I C T S E I N O T
R E A O K I E X P T E C E A D D N A L E
I N W U Z R P O X I E E K T R G G T L Z
T N B O U V O D A C H S X S O E C U Y D
H Y U C T H L Y S S T T J A W H B R J I
E D S T W T E K W N Y A G M S A T A E H
A Z A H F R I B P E R T H W S M Y L N G
T O N Y G O L D W Y N I B H A M N Z S K
E B L O S T L O V E E O U E P E E U E L
R S Q J G B I J Q O H N R A M R V H N H
G V S M X U W A C C O U N T S O H G Y S

ACCOUNTS
ALLEY
BANK
BETRAYAL
CARL BRUNER
CRITICS
DEMI MOORE
DITTO
EMBEZZLEMENT
GHOST
HEAVEN
HENRY THE EIGHTH
INVISIBLE
LOFT
LOST LOVE
MOLLY JENSEN
MONEY
MUGGING
MURDER
NUNS
ODA MAE BROWN
PASSWORDS
POTTERY
NEW YORK CITY
PATRICK SWAYZE
PENNY
POLICE STATION
PSYCHIC
ROBBERY
SAM WHEAT
SEANCE
SLEDGEHAMMER
SPIRIT
STATUE
SUBWAY
SUPERNATURAL
THEATER
TONY GOLDWYN
WHOOPI GOLDBERG
WILLIE LOPEZ

Solution on page 158

Pretty Woman

E S U O H T N E P E R O T A V E L E S J
T L U C M C H A M P A G N E L A W Y E R
E L A T Y R I A F G C L I M O U S I N E
N I P Y T E F A S N S G N I P P O H S N
G E X G E N A L P E T A V I R P C S H N
A I V K B K E D W A R D L E W I S E S I
M D I M L U C C A T O P E R A R I I J D
M A V E O S T U A T P X C E B G C R S S
U N I S N N T H T L S Y H D E H N R S S
B A A R D P E R T S K R O G V F A E O E
N N N O E X S Y E A P C T O E W R B L N
O A W M W U C J S B B I E W R D F W F I
O B A S I Q O W T J O V L N L T N A L S
C E R E G D R A H C I R M I Y X A R A U
Y U D M K I T D E L U C A W H B S T T B
T L B A L C O N Y R C T N I I P U S N A
T B L J Y Q O D Q H K R A W L V Q R E R
P P P O L O M A T C H Q G T L U V D D N
A H O L L Y W O O D O P E A S P J P T E
V Z T O G R A C S E V I R D O E D O R Y

BALCONY
BARNEY
BATHTUB
BEVERLY HILLS
BLONDE WIG
BLUE BANANA
BUM MAGNET
BUSINESS DINNER
CHAMPAGNE
COCKTAIL DRESS
DENTAL FLOSS
EDWARD LEWIS
ELEVATOR
ESCARGOT
ESCORT
FAIRY TALE
HOLLYWOOD
HOTEL MANAGER
JAMES MORSE
JULIA ROBERTS
KIT DE LUCA
LAWYER
LIMOUSINE
MONEY
OPERA
PENTHOUSE
PHILIP STUCKEY
POLO MATCH
PRIVATE PLANE
RED GOWN
RICHARD GERE
RODEO DRIVE
RUBY NECKLACE
SAFETY PIN
SAN FRANCISCO
SHOPPING
SPORTS CAR
STRAWBERRIES
TYCOON
VIVIAN WARD

Solution on page 158

Roman Holiday

P B G F X A E U T A T S Y Y E K F D N P
M A N Y W S T U H N G Y I P D V G H R C
W R L B T F Y V R F H I Y Z N R E R U S
A W P A M S M O H O K R Y Z E V Y S B E
C B G N C Q M R E H P A R G O T O H P S
L N E G Y E L D A R B E O J U D S R E A
P I F N N I R V I N G R A D O V I C H M
D G U N C O U N T R Y G G H O N N W Y A
R H V O K H C G X P O H F I G E E Z E J
U T F L M E S R E T R O P E R I U R R A
H G M A S O K C U R T Y R E V I L E D P
I O J S M I K G O Q M E F R C J T E U A
G W A R O B A Y D U B N E G M L V P A R
H N I I H G A M E E O T O H N I Q K V T
N T R A A L T S L C N H R O T I D E J M
E Y P H T G S L S I D E W A L K C A F E
S Z O Y P O I S R A Y A D I L O H N D N
S Y R B L O E F A S D E M B A S S Y A T
D N T O U R Y T E I S O P E Q V T A B D
G S C S P K B N Z V Q I R M B W F G J V

AIRPORT
AMBASSADOR
APARTMENT
AUDREY HEPBURN
BENCH
COLOSSEUM
COUNTRY
DANCING
DELIVERY TRUCK
DUTY
EDITOR
EMBASSY
EUROPE
GREGORY PECK
HAIR SALON
HIGHNESS
HOLIDAY
INTERVIEW
IRVING RADOVICH
JOE BRADLEY
NIGHT GOWN
PAJAMAS
PALACE
PHOTOGRAPHER
PRESS CONFERENCE
PRINCESS ANN
REBELLIOUS
REPORTER
RINGER
ROME
ROYALTY
SEDATIVE
SIDEWALK CAFE
STATUE
VESPA

Solution on page 159

Love Story

E M C B N X C Z W E B U W D K Y R O B D
K V C H L U N I V E R S I T Y Y F O G F
T E L I E L Y L L Y I G R L C H S J J E
P P U O N I A C C O L L E G E T P E T E
W I O G O T R B O L H U L F O L Q N D F
S V U K I H E V T L K T L N L A T N E F
W U M P T G C T T E R R A B R E V I L O
I R S M A I I S M G U L V C O W X F B C
O O U C U F T I W N U Q A R B A R E I Z
H O F W D H A R V A R D C W Q B T R T L
O M I D A A L K Q W L M L A Y D G C R I
C M O O R R E K C O L T I C R E M A E O
K A A C G P G T E N I V H A I R R V V N
E T F T U S W C A S W F P Z S M S A N G
Y E V O L I B R A R Y A N O N E A L O S
K N I R E C I S U M L A C I S S A L C H
N S Y T L H B I X M I B L E A C H E R S
B W W I D O W E R D M L F A T H E R H C
X W E O P R O P O S A L A W E D D I N G
F L T N E D U T S B F E C U X Z D X Q Y

ALI MACGRAW
BLEACHERS
BOAT
BOSTON
CATHOLIC
CLASSICAL MUSIC
COFFEE
COLLEGE
CONVERTIBLE
DOCTOR
FAMILY WILL
FATHER
FIGHT
GRADUATION
HARPSICHORD
HARVARD
HOCKEY
HOSPITAL
ICE RINK
JENNIFER CAVALLERI
LAW SCHOOL
LAWYER
LEUKEMIA
LIBRARY
LOCKER ROOM
LOVE
MUSIC
OLIVER BARRETT
PHIL CAVALLERI
PROPOSAL
RACQUETBALL
RECITAL
ROOMMATE
RYAN ONEAL
SNOW ANGEL
STUDENT
UNIVERSITY
WEALTHY
WEDDING
WIDOWER

Solution on page 159

Say Anything . . .

V X R G R Q M L I L I T A Y L O R I N G
J P X O W S W S Z J O H N M A H O N E Y
M C T D E Y E V G G M N V C O L L E G E
M E N G L A N D R E D R O C E R E P A T
F Y R E T T E L E Z S S J M X O S R S A
F K E T V A L E D I C T O R I A N I A D
A S L O O H C S H G I H M T F J U S N D
C E B I R S A G E N T V R D R T O O D N
J N O R Y A J O H N C U S A C K C N S O
S O D O O L F Y E R O C U N P W E S I C
Q I D H S K Y M E C N A T S N O C C P E
U T Y Y E T E T E E N A G E R S N H A S
A A O Q Y R G N I X O B K C I K A O R U
W U L E I P A O G T A X F R A U D L T R
P D L T S I R E R L E N A L P R I A Y P
R A E N D I T R S J A M E S C O U R T Z
Y R O T S S S E C C U S T A E R G S M D
I G K Z L N O T G N I H S A W A K H A H
Y X R V Q K B S E H T F I H S K C I T S
V I B O O M B O X R D B R E A K U P G Z

AIRPLANE
BOOM BOX
BREAK UP
BROKEN GLASS
COLLEGE
CONSTANCE
COREY FLOOD
DIANE COURT
ENGLAND
GAS AND SIP
GRADUATION
GREAT SUCCESS STORY
GUIDANCE COUNSELOR
HIGH SCHOOL
IONE SKYE
IRS AGENT
JAMES COURT
JOHN CUSACK
JOHN MAHONEY
KICKBOXING
LETTER
LILI TAYLOR
LLOYD DOBLER
PARTY
PEN
PRISON
RETIREMENT HOME
RING
SCHOLARSHIP
SEATTLE
SECOND DATE
SISTER
STEREO
STICK SHIFT
TAPE RECORDER
TAX FRAUD
TEENAGERS
VALEDICTORIAN
WASHINGTON

Solution on page 159

Up Close and Personal

J W A Z X M X Y P Y M Z N E W S V A N W
S E M L K M X K O M M M W F P S X S O B
D A D I R O L F J C Y Z F B O S S M I H
W T Q M X W A R R E N J U S T I C E T O
S H L U A N N E E A N C H O R M A N O S
Q E T X R R O F Y T K O O O K A B T M T
C R S X J O R F H Y A B H T T I Q O O A
B G I P O V B I T H A W X P C M V R R G
A I L R A A D E A U D I T I O N T A P E
I R A I N I R F R G T U H A I R C U T B
H L N S N R C P G T E E G S Y K C M L O
P L R O A P A E C K R D L M C L P I D R
L J U N K O M L M D E E F E V I L H M D
E X O R E R E L A S Q L D R V O M A B R
D V J A N T R E I O V U X F P I D J T A
A G N I N N A H C D R A K C O T S U F W
L K Y D E Y M C R L C W S T O R Y I L W
I V X T L Z A I A Y P C Y Z A S D A O E
H Q O V L G N M M G N E D J A C K S O N
P G Z B Y R A T E R C E S S E C C U S S

AIRPORT
ANCHORMAN
AUDITION TAPE
BOOTS
BOSS
BUCKY TERRANOVA
CAMERA MAN
FLORIDA
HAIR CUT
HOSTAGE
JOANNA KENNELLY
JOURNALIST
LIVE FEED
LUANNE
MARCIA MCGRATH
MARRIAGE
MENTOR
MIAMI
MICHELLE PFEIFFER
MICROPHONE
NED JACKSON
NEW WARDROBE
NEWS VAN
PHILADELPHIA
PRISON RAID
PROMOTION
ROBERT REDFORD
SECRETARY
STOCKARD CHANNING
STORY
SUCCESS
TALLY ATWATER
TELEVISION
WARREN JUSTICE
WEATHER GIRL

Solution on page 159

CHAPTER 4: **Family Fun**

Charlie and the Chocolate Factory

S N A E B A O C O C A B B A G E S O U P
Q O S H O E S H I N E S T A N D F G A G
D E N T I S T E L E P O R T E R R A W L
M F Y X G S S A R G E L B A T A E R E R
L L N R O T A V E L E S S A L G D B Z E
O O Q J L D G R A N D P A J O E D A I L
O S T U D A K N O W Y L L I W R I G R B
L S E I E T A L O C O H C O P U E E P M
P E L C N T E K C U B E I L R A H C L U
A N E I T H M I K E T E A V E E I H A M
L I V N I S T N E R A P B G P B G U I R
A S I G C R E L L U P Y F F A T H T C S
N U S R K Y D N A C S E I P S E M E E B
D B I O E O A U G U S T U S G L O O P U
R T O O T H P A S T E F A C T O R Y S C
W U N M M B L U E B E R R Y P I E X G K
O N R M J D T L A S A C U R E V X T Q E
N O O M P A L O O M P A U P A N D O U T
K J O H N N Y D E P P S R A B A K N O W
A P M A E R C D E P P I H W A L N U T S

AUGUSTUS GLOOP
BLUEBERRY PIE
CABBAGE SOUP
CANDY
CHARLIE BUCKET
CHOCOLATE
COCOA BEANS
DENTIST
DR WONKA
EATABLE GRASS
FLOSS
FREDDIE HIGHMORE
GARBAGE CHUTE
GLASS ELEVATOR
GOLDEN TICKET
GRANDPA JOE
JOHNNY DEPP
JUICING ROOM
LOOMPALAND
MIKE TEAVEE
MRS BUCKET
MUMBLER
NUT BUSINESS
OOMPA LOOMPA
PARENTS
SHOESHINE STAND
SPECIAL PRIZE
SPIES
TAFFY PULLER
TELEVISION ROOM
TOOTHPASTE FACTORY
UP AND OUT
VERUCA SALT
VIOLET BEAUREGARDE
WALNUTS
WHIPPED CREAM
WILLY WONKA
WONKA BARS

Solution on page 160

My Fair Lady

P C Y G G C Q W F E T A X U O E Y T Y E
R Y Y N O E A K S N I T H G T S T R D I
O J K I N J S C R T E S Y R U N S Z D N
F N K H X C H S S N I G G I H Y R N E H
E A U C S E E T S I U G N I L I G C R E
S L R A M H I G H S O C I E T Y T Z F R
S M T E P D E A V E S D R O P P I N G I
O A B T R A U D R E Y H E P B U R N J T
R N O S I R R A H X E R K M S B B M D A
E S E S N L O S H D A N C E N C M A X N
I I F Q C L O N D O N A I H O L U K O C
F O Y L E S U O H A R E P O S Q S E T E
C N G Y O K K A D I Z S L U S T I O S N
K C B J S W D F S A V Y E G E E C V N G
D E T I Q U E T T E Z B N R L G A E U L
T R A N S F O R M A T I O N A J L R A A
G H I V K C W A G E R O L E H C A B J N
C T M A R B L E S I K P O E E D E B V D
Z T L A W U G I F W R A C E T R A C K Y
T U T O R A S O C I A L I T E J Y R B D

ARISTOCRAT
AUDREY HEPBURN
BACHELOR
BET
COLONEL PICKERING
DANCE
EAVESDROPPING
ELIZA DOOLITTLE
ENGLAND
ETIQUETTE
FIRING SQUAD
FLOWER GIRL
FREDDY
HENRY HIGGINS
HIGH SOCIETY
HORSE RACE
INHERITANCE
LESSONS
LINGUIST
LONDON
MAKEOVER
MANSION
MARBLES
MUSICAL
OPERA HOUSE
PRINCE
PROFESSOR
PUB
RACETRACK
REX HARRISON
SCHEME
SOCIALITE
TEACHING
TRANSFORMATION
TUTOR
WAGER
WALTZ

Solution on page 160

Toy Story

L S E R U G I F N O I T C A Q M R A D U
C W A L K I E T A L K I E E J A U X R H
R U U S Y C T O M H A N K S E D A C R A
O M N R B T E R E M P Y E Y B K S O C N
C C L E O X S T L D A T T Y U C O W A N
K P X I P P K H T V K H C D I U N B U A
E E S D E A O P T B G E K D L R I O T H
T E M L E H G I I I Z R I U D T D Y Z J
L M L O P B M Z L R W E B B I Y D O O W
Z W I S L A X Z E T G G I G N R A E F C
N A H S L L Z A G H O N N N G E E K F Y
K J P L S U Y P N D D A O I B V H X I D
O N E S B I W L A A Y R C V L I O C R N
X N K F W U O A R Y K E U O O L T T E A
W S E R G E A N T P N C L M C E A W H D
B A T T E R I E S A I A A A K D T F S E
R T E A P A R T Y R L P R P S O O Q K F
D N A M M O C R A T S S S J Y E P B E A
D O K G W Z S E Z Y L L U B X M R G C T
V Q U Y O S P I L L I H P D I S M W N R

ACTION FIGURE
ANDY
ARCADE
BATTERIES
BINOCULARS
BIRTHDAY PARTY
BO PEEP
BUILDING BLOCKS
BULLY
BUZZ LIGHTYEAR
COWBOY
DELIVERY TRUCK
DINOSAUR
FALLING WITH STYLE
HAMM
HANNAH
HELMET
LASER
MISSION
MOLLY
MOVING BUDDY
MR POTATO HEAD
MR SPELL
NEW TOY
PIZZA PLANET
REX
ROCKET
SERGEANT
SHERIFF
SID PHILLIPS
SLINKY DOG
SOLDIERS
SPACE RANGER
STAR COMMAND
STRANGE LITTLE MAN
TEA PARTY
TIM ALLEN
TOM HANKS
WALKIE TALKIE
WOODY

Solution on page 160

The Goonies

U F N L F P U G B N S A J E W E L S L M
H Z Y L L I W D E Y E E N O N V A W O S
M R E D A E L R E E H C W U I U N U R I
D N A G R O B A P N G W I S L O T H R P
H A S L Y U G N F O O A S X O H E R F F
U U T S L L Q S L M O T H O R Y R S O E
D M U A F E I F R T N E I N B X N E T F
R S N S P X C M P I I R N I H O S L B C
G D N P U O A O A E E F G T S B N O V G
Y E E I U D M M M F S A W S O O O H A N
O F L R N G H I E R I L E A J O T T F N
R O S A L I T A R E F L L N K B E E T O
T E R T C Y S B U T O P L A A Y L L H F
X B T E K C A J S N A M R E T T E L M K
V I A S T O R I A U R E Y S T R K U C I
J C C H X Z B I E O C E C G I A S B B I
L H S I N A P S R C K P V C C P R B W W
V U M P S E V I T I G U F A O S U F O N
W N K Y L Z F H M E X O J M C X F V G B
F K Q G D C D D R V F T A H H P G O H P

ANDY
ASTHMA
ASTORIA
ATTIC
BOOBY TRAPS
BRAND
BULLET HOLES
CAVERN
CELLAR
CHEERLEADER
CHUNK
COUNTERFEIT MONEY
DATA
FORTUNE
FRATELLI FAMILY
FUGITIVES
GOLF COURSE
GOONIES
JEWELS
JOSH BROLIN
LANTERNS
LETTERMANS JACKET
MIKEY
MOUTH
ONE EYED WILLY
ORGAN
PIANO LESSONS
PIRATE SHIP
ROSALITA
SEAN ASTIN
SKELETON
SLOTH
SPANISH
STEF
TOUPEE
TREASURE MAP
TROY
TUNNELS
WATERFALL
WISHING WELL

Solution on page 160

Back to the Future

S E E R T E N I P H H I L L V A L L E Y
K T P I H M I C H A E L J F O X I J Y L
A E S V E I G H T Y E I G H T M P H I F
T L G E A F B R E V O L G N I P S I R C
E E N R V K B I F F T A N N E N J X A M
B V V S Y F X S C H O O L D A N C E D E
O I M I F R O T I C A P A C X U L F I G
A S A D E M D O V I D E O C A M E R A R
R I R E K R A P R E F I N N E J X R T O
D O T D H S U H W P L U T O N I U M I E
G N Y R I T L E A H T H O M P S O N O G
I S M I T R D R E M M E T T B R O W N A
G E C V J I P L U D D E L O R E A N S I
A T F E C C F L H A D N I L J D K I U R
W C L O C K T O W E R F U T U R E E I E
A K Y D O L Y Y N I T S E D Y B L T T T
T Y L G O A U D I T I O N T A P E S S E
T W Y B E N I H C A M E M I T V G N A F
S O E L Z D P O H S E E F F O C E I P A
E N I A R R O L G N I N T H G I L E K C

AUDITION TAPE
BIFF TANNEN
BULLETPROOF VEST
CAFETERIA
CHRISTOPHER LLOYD
CLOCK TOWER
COFFEE SHOP
CRISPIN GLOVER
DAVE
DELOREAN
DESTINY
DR EMMETT BROWN
EIGHTY EIGHT MPH
EINSTEIN
FLUX CAPACITOR
FUTURE
GEORGE MCFLY
GIGAWATTS
HEAVY
HILL VALLEY
JENNIFER PARKER
LEAH THOMPSON
LIGHTNING
LINDA
LORRAINE
MARTY MCFLY
MICHAEL J FOX
MR STRICKLAND
PAST
PINE TREES
PLUTONIUM
RADIATION SUIT
RIVERSIDE DRIVE
SCHOOL DANCE
SKATEBOARD
TELEVISION SET
TIME MACHINE
VIDEO CAMERA

Solution on page 160

Daddy Day Care

Q I L O C C O R B Y T L V N I D S I M G
Y S C O H B E N H I N T O N T Z N W U A
L I U Z H V K D C E A T H O J J A Z R M
O F Y G I C D A D V N R I E H T C H T R
S D X N A E R Q Z I J L N U F C K Y N E
N A D I R R A H H T E N Y W G L S H A M
O B Y T O E H E E T L M P M V F A E T I
L W P T V A I I T X I A U A J Z A S R T
A D S E N L K R G F C R P R E L D G H P
E B R P R K A C U H A K P V P I R N Z A
N M F A E I A N S I H E E I E H A I K N
N H H R N R D N L V U T T N C P Y W I G
I C T I N R T L M H S I S P U E K A M R
V T N I A P E C A F T N H T R T C R H E
E G V I C K I B O N O G O C B B A D I F
K A S X U L L E T D N A W O H S B X N I
L E R A C Y A D G N I K A N I G E R T N
R Q J E F F G A R L I N S P E C T I O N
E D J I A L U T N A R A T N K G U U N E
E V I H E E B S E M U T S O C T E N U J

ANJELICA HUSTON
BACKYARD
BEEHIVE
BEN HINTON
BROCCOLI
BRUCE
CARNIVAL
CARROTS
CEREAL
CHARLIE HINTON
COSTUMES
DAY CARE
DRAWINGS
EDDIE MURPHY
FACE PAINT
FUNDRAISER
GWYNETH HARRIDAN
INSPECTION
JEFF GARLIN
JENNIFER
KELLI
KEVIN NEALON
KIM HINTON
MAKE UP
MARKETING
MARVIN
NAP TIME
PETTING ZOO
PHIL
PRESCHOOL
PUPPET SHOW
REGINA KING
SAINT BERNARD
SHOW AND TELL
SNACKS
STEVE ZAHN
SUGAR HIGH
TANTRUM
TARANTULA
THE FLASH
TOILET TRAINING
TREKKIE

Solution on page 160

Mary Poppins

D A Y T Z U N T C L S P B Y B W O C G I
V Y W V Y T R A P A E T R N J E H Z E F
X Q S P Q L N H R L O R C N B I R D O M
E Y D W S N I P P O P Y R A M V B L N U
H X M H O Y W M P R R R L N F R S H U S
Z X E N Z F K D A Z T R E B C E A F J I
W L M W O I X I X F P Y I T T T T U Y C
G E P A T G N I R U S A E M S N L L L A
F O N E I S N K J W Z K H B U I N A U L
M O K B T F S I E E Y Z N H E I N N L L
N L N O H T D E Y K Z D X A U Z U N L E
E X R L O L P A C L Y O N G B R P E A R
A M A G I C F C X A F D N A S I S C B B
Z A P W E C H I L D R E N E L U P A Y M
S K H O U S E K E E P E R A O G N L I U
L R S N T I K Q W T L Y S R V K N P J E
K R Z S Q F S S T F S S A R E K W E N R
J Q N O D N O L O B G C P R O M C R V L
A A Q L J E X O Y I F F D I Q H X I P W
E M Q L G E S I R N I K B S M O W F D A

BANKER
BANKS FAMILY
BANNISTER
BERT
BIRD
CAFÉ
CANNON
CAROUSEL
CHILDREN
CHIMNEY SWEEP
COOK
DICK VAN DYKE
ENGLAND
FIREPLACE
FLYING
FOX HUNT
HAT
HORSE RACES
HOUSEKEEPER
INTERVIEW
JULIE ANDREWS
KITE
LONDON
LULLABY
MAGIC
MARY POPPINS
MEASURING TAPE
MIRROR
MUSICAL
NANNY
NURSERY
PENGUIN
RAINSTORM
ROOFTOP
SNOWGLOBE
TEA PARTY
UMBRELLA

Solution on page 161

Evan Almighty

J I M U A I F N K T H G U O R D Y L A N
W K L Q N L H D J R U S F E K K F S G N
I E E O I O F L O O D P T T C T W R G N
D N I V M O I K R Z K X H A O N W Q O N
O K X F A A A T D N A G W L M R A C U M
P N P L L N R S A B E P O P B E R D Y I
K I O R S S B T N T R T V E K Y N M A W
Q I C B E G H A Y P I H X S F A I T H U
T A C N T S O Q X P V P Z N M R N O H Q
U H N O I J S N A T V E I E A P G O D G
N P E F B C N C S T E V E C A R E L L Y
I Z F R K Z S C O T E R L I E U K S J S
V I R G I N I A R N F E P L G R E R H Z
P Q O E O T N E H N F B R E W S P I K T
D M G I I S A L A U R E N G R A H A M R
D O T L G P Y G R E S E R V O I R H F B
N A O T S E R C E G I T S E R P R G Q E
N P M W C O N G R E S S M A N L O N G H
K O N A M D O O G N H O J C B C B O V I
D Q M E O V H H X A R K F Y L M E L J Q

ANIMALS
ARK
CONGRESSMAN LONG
DAM
DANCE
DROUGHT
DYLAN
EUGENE
EVAN BAXTER
FAITH
FISH TANK
FLOOD
JOAN BAXTER
JOHN GOODMAN
JORDAN
LAUREN GRAHAM
LICENSE PLATE
LONG HAIR
MARTY
MIRACLE
MORGAN FREEMAN
NATIONS CAPITOL
NOAH
PICNIC
POLITICS
PRAYER
PRECIPITATION
PRESS CONFERENCE
PRESTIGE CREST
RAIN
RESERVOIR
RITA
ROBE
RYAN
STEVE CARELL
TOOLS
VIRGINIA
WARNING
WOOD

Solution on page 161

Ferris Bueller's Day Off

R F Y O N Z S I R R E F E V A S K T L J
E E E M D A M P T O W E L I T U D O K E
W E D H A W M F M F R E G E G M T H P A
O E A A S T R O A G M U E S U M E P O N
T Y R N E R T I R A R R E F M E K C L I
S R A O C L E H G F K A W A M R R L I E
R F P S N A R L E L E O C J I S A A C I
A N T R E L L E L W E B M E B C M M E T
E O U E S A O D E E B Y A J E H K M S A
S R B T B N O C T H U R F N A O C Y T K
J E J E A R H H G H C B O I R O O P A F
T M S P I U C I N D S H S D E L T A T O
J A D E E C S C I X P K S I E L S L I U
B C O N D K H A G Y U W C I R R D M O L
N E G A R A G G N I K R A P C R I S N B
D G V O O H I O I S H O W E R K E C A A
S U B L O O H C S G N I H C T I D F K L
T U X S N P R I N C I P A L F L O A T L
S E C R E T A R Y R A L U P O P O A Y M
Z Y W H Y Z V O Z A U N M H N G C K Z Y

ABE FROMAN
ABSENCES
ALAN RUCK
BASEBALL GAME
BUS
CAMERON FRYE
CHEERLEADER
CHICAGO
CLAMMY PALMS
DAMP TOWEL
DITCHING SCHOOL
ED ROONEY
FERRARI
FERRIS BUELLER
FLOAT
FOUL BALL
GRACE
GUMMI BEAR
HIGH SCHOOL
JEANIE
KATIE
MATTHEW BRODERICK
MUSEUM
PARADE
PARKING GARAGE
PHONY PHONE CALL
POLICE STATION
POPULAR
PRINCIPAL
SAVE FERRIS
SEARS TOWER
SECRETARY
SHOWER
SICK DAY
SINGING TELEGRAM
SLOANE PETERSON
STOCK MARKET
SUMMER SCHOOL
TOM
WRIGLEY FIELD

Solution on page 161

Fun with Dick and Jane

H G H E C C J C A L I F O R N I A P A E
R W A T S E T G U R D Q Q P L P H L I N
L T T R D E T R O P E D N C P R L J Q N
S P N A T N E G A S N I D L K E I A Z Y
T H E V D H A B V U P M I V R C T N U E
R O M E L X L N F S S A R G E E E E M L
A U Y L Y S E N A N N Y I Y T B R H M E
M S O A E R O B I C S C L A S S O A C V
T E L G T I N N E H R L F E I K T R P A
S K P E S A I S E E I Y D G L I S P G T
O E M N I W D L A B C E L A L M R E L O
K E E T E N I C O O C L L R A A O R O R
C P N J H C T T F R A N K P C S U N B O
U E U X O I O F E P M S T O C K Q D O B
R R Q P O X E M I F P F F H M P I D D B
T U T N R E P R A H K C I D K O L C Y E
K E O U S Q I C C Y E R R A C M I J N R
R U R H D K Y C T P U R K N A B T F E Y
O F O R E C L O S U R E K X J E B D Q R
W P R O M O T I O N I N D I C T E D L F

AEROBICS CLASS
ALEC BALDWIN
ALLERGIC REACTION
APPLIANCES
BANKRUPTCY
BILLY
BOTOX
CALIFORNIA
CHECK
COFFEE SHOP
DEPORTED
DICK HARPER
DRUG TEST
ELEVATOR
FORECLOSURE
FRANK
GARTH
GLOBODYNE
GRASS
INDICTED
INS AGENT
HEIST
HELICOPTER
HOUSEKEEPER
JACK MCCALLISTER
JANE HARPER
JIM CARREY
KOSTMART
LIQUOR STORE
MERCEDES BENZ
NANNY
PENSION FUND
PROMOTION
ROBBERY
SKI MASK
STOCK
TEA LEONI
TRAVEL AGENT
UNEMPLOYMENT
WORK TRUCK

Solution on page 161

CHAPTER 5: **The Old West**

Butch Cassidy and the Sundance Kid

A L X C M K Q P J C R E O Q U G H G X F
W N D J Z C F O R J Q X K U R X M U T G
F Q I A H F E A H T W P O S T M O N E Y
J S K A I V I L O B U L F Y X L B S O M
V D E L X L H E E W X O E T I M A N Y D
J S C N R C E R Q K E S T L R H Q W C A
N X N O G B B K R K R I H O C H T G S R
O K A T H A R I N E R O S S O Y V T V J
R D D E F N O A J I L N V E B H C Y E L
E H N P P U B W V E F A S V C K S I Z W
X C U A R E E E I O E E W I A W M D B X
Z C S U O N R N U P C S F T R O L R E O
M K A L B U T C H C A S S I D Y K F K P
Y F O N B H R W Y A L O O G G N A G G Z
G G V E E O E H E G P P Y U A H G P X K
Z M K W R R D J E M A S N F M Z T B P N
W U A M Y S F D U J T R S H E R I F F H
B L D A Y E O J D J T D R M A X D J K I
L J M N I S R Y Q H E G N I L B M A G P
O S J T T G D S Y H W W N D S W B Y H K

AGNES
BANK
BICYCLE
BOLIVIA
BUTCH CASSIDY
CARD GAME
CHASE
CLIFF
DYNAMITE
ETTA PLACE
EXPLOSION
FUGITIVES
GAMBLING
GANG
GUNS
HOLE IN THE WALL
HORSES
JUMP
KATHARINE ROSS
KNIFE FIGHT
MONEY
NEW JERSEY
OUTLAWS
PAUL NEWMAN
PERCY GARRIS
POSSE
RAILROAD
RIVER
ROBBERY
ROBERT REDFORD
SAFE
SHERIFF
SHOOTOUT
SUNDANCE KID
TRAIN

Solution on page 162

Tombstone

M S J P R T F J O S E P H I N E C A J H
A I C H S H O S P U G N I N O K C E R Q
R E M L I K L A V I Q S R E T S A M C M
S P C Y S I R E D S A S H X X R K T X Z
H Z E J O H N N Y R I N G O A M I O L E
A W R F L U T M A B G X O N P O Q F E Y
L C T E U D R L R H H N J P L R L G L S
G S T N C J L H L B E G O L L G D S B E
B A A R R I E G U E T B O A I A X N A A
K M S C E L J L D C S S F Y B N Y S T P
P E P I B S A G B O K S L F S E B E O N
G L R G U T S R V A C L U O I A N S R C
C L A N T O N B R O T H E R S R L R A P
O I E I U M L M R O O L O B T P E O F A
W O L L I B Y L R U C Y O L E R O H O M
B T I B D S B R O B A K I O L R U K S N
O T G M A T T I E M W U O O P I R K E A
Y E R A N O Z I R A O B I D E O D Y O R
S X I G T N O V C Q B W Y A T T E A R P
X F V H R E V L O V E R R X U Q I O Y H

ACTRESS
ALLIE
ARIZONA
BADGE
BILL PAXTON
CLANTON BROTHERS
COWBOYS
CURLY BILL
DOC HOLLIDAY
FARO TABLE
GAMBLING
HORSES
IM YOUR HUCKLEBERRY
JOHNNY RINGO
JOSEPHINE
KATE
KURT RUSSELL
LOUISA
MARSHAL
MATTIE
MAYOR
MCMASTERS
MORGAN EARP
OK CORRAL
PIANO PLAYER
PLAY FOR BLOOD
POKER
POOL TABLE
RECKONING
RED SASH
REVOLVER
RIFLE
SALOON
SAM ELLIOTT
SHERIFF BEHAN
TOMBSTONE
TUBERCULOSIS
VAL KILMER
VIRGIL EARP
WYATT EARP

Solution on page 162

Unforgiven

F H G Q Y J W S B F N Y G Q O V U Y M M
Q C M E W I L L I A M M U N N Y A T O E
H A N C I D W A G R C O W B O Y Q F C L
I O I A D W N O T M U R D E R F M I P F
M C R B O M L O S E H G X E J O L U S I
K E A S W D K S I R R A H D R A H C I R
D G E N E H A C K M A N S A Y T N U O B
O A W N R S B C A M P F I R E G A W B R
O T W G A F H S H N R R R G L W N U U F
W S B X U B D I K D L E I F O H C S D U
T T E G G A D L L I B E L T T I L W Y C
S A A Y K R T K W W I M X O S H L M N D
A F U S E B U Y A E G A W C I N X G N R
E P C A O E O R S S W N L R P H F P I K
T L H Q A R T U A Q H M G F A C F S K O
N M A O V S O L G M I F W L B X I T S T
I M M T W H O G U N S L I N G E R E D N
L G P T T O H X S C K L G U R A E D A O
C M G U N P S R L I E N G L I S H B O B
Q J O V R E W A R D Y V Z N E U S C C N

BARBERSHOP
BIG WHISKEY
BOUNTY
CAMPFIRE
CLINT EASTWOOD
COWBOY
DELILAH
ENGLISH BOB
FARMER
GENE HACKMAN
GUNSLINGER
HORSES
LITTLE BILL DAGGETT
MORGAN FREEMAN
MONEY
MURDER
NED LOGAN
OUTHOUSE
PISTOL
REWARD
RICHARD HARRIS
RIFLE
SALOON
SCHOFIELD KID
SHERIFF
SHOOTOUT
SILKY
SKINNY DUBOIS
STAGECOACH
STRAWBERRY ALICE
TRAIN
WAGER
WHISKEY
WIDOWER
WILLIAM MUNNY
WW BEAUCHAMP

Solution on page 162

The Good, the Bad, and the Ugly

U H D M O P J L I F T A O C D V X N D D
F E Q K I A W M U R R O U U Y H H O F E
M G G Y O R B A N G E L E Y E S O G Q G
H N H A T U N R L O A L L M X W N O V D
A I F G T N R K A T S J I H T K A U R I
F G H H H O R S E S U R W S Y T P B M R
R N T P X T B M T L R O A S F W U S F B
M A J S Q E H A Q F E E L C N A V E E L
B H G E L L G N S J T X L E L T H R B O
N D H I I E O I F N I P A M G L M P B N
V I L W C K U A I Z M L C E U O I O N D
Y P Z O I S H L R D A O H T N H U B S I
E V A R G R C R I M N S T E S N H W O E
O C I X E M W E N V Y I Y R T E Q S C P
H B K B L I V Z G L D O E Y O M I F R G
D I I Y P G U N S L I N G E R G N R M Y
W A T R A I N T Q F T R E S E D X X P N
V X U M R N S S U R V I V O R S I J M C
V X E G A I R R A C F N W F Q W Q V R E
K L V J P N U P D H O W U C P T D R X S

ANGEL EYES
ARMY
BATHTUB
BILL CARSON
BLONDIE
BOUNTY
BRIDGE
CARRIAGE
CEMETERY
CIGAR
CLINT EASTWOOD
COAT
DESERT
DYNAMITE
ELI WALLACH
EXPLOSION
FIRING SQUAD
GOLD
GRAVE
GUN STORE
GUNSLINGER
HANGING
HIT MAN
HORSES
LEE VAN CLEEF
MARKSMAN
MONEY
NEW MEXICO
OUTLAW
PARAPLEGIC
PARTNERSHIP
PRIEST
SABOTAGE
SKELETON
STAGECOACH
SURVIVOR
TRAIN
TREASURE
TUCO

Solution on page 162

3:10 to Yuma

M G H N R P F U S L I L Y X M V M P H S
G Y R U S S E L L C R O W E L A Q A F N
A S C A Z G F V C U O U D F Y Q L G E G
Y P M D Y Q E X F U Z N D E R I F L E T
A P H Y A S N A I D N I T D C H A H J N
M B I R O N O B R O O C H E L B O U X R
B X P A W R E N I M I P E R N C S A I H
U A Q N N V L V B X T V W A L T U O K Q
S P J C U O C E A U A F I L I T I T B C
H A G H M I Z Y C N T T T C D R D O E G
W C U E P X C I S M S T E O C E N Y N C
C H A R L I E P R I N C E U Z E U W W D
E E H O R S E S R A I O Z R E B O U A K
H C W M C L A H S R A M R T F S W T D E
Q K Q M O E C M Q Q R D I Y C I T B E D
Q M S W Q N G E O V T M R O B B E R Y D
M N J X F N E A S N A V E M A I L L I W
O H P K A U V Y T N F N K T N M L B D O
B Y W G V T G M Y S T B O I K I U V R L
Q Q L C Y A L D K P X G P X K J B Y D C

ALICE EVANS
AMBUSH
APACHE
ARIZONA
BANK
BEN WADE
BISBEE
BROOCH
BULLET WOUND
BYRON MCELROY
CHARLIE PRINCE
CHRISTIAN BALE
CONTENTION
DAN EVANS
DEBT
DYNAMITE
FEDERAL COURT
GANG
GRAYSON BUTTERFIELD
HORSES
INDIANS
JUSTICE
MARSHAL
MINE
MONEY
OUTLAW
PIANO
POKER
RANCHER
RIFLE
ROBBERY
RUSSELL CROWE
STAGECOACH
TRAIN STATION
TUNNELS
WILLIAM EVANS
YUMA

Solution on page 162

The Missing

X R E M L I K L A V M M N V U S V W S R
R E H T A F D E G N A R T S E D I N A S
R C G V T P R Z R K G W T N R X A T M B
A O N X B E A E K N G C O M E I T N U D
G N I T N A H C T X I J S R D L I A E L
H C P H P A M C H H E L K N E W S N L O
C I P T B B A R N E G I I S D S I E J F
F L A U T I R R L A I U N L N H C T O D
X I N J W Y N Y O D L A A A L G R U N N
H A D X I O M Z A N K B M D N Y E E E I
X T I H S M R F U E E E E I D K H I S L
L I K I O H D R H K N C D T A N P L U B
L O V T L P E U A I S L K P A I A B A N
U N W W D A G R C G O W Y H Q C R R A G
V E L F I R B I I H N A J A A U G M G F
M N J H E G D N R F A I S E S R O H I G
R D G S R E T S I S F R M W I N T E R O
K R T M M L J A H Y D J M A S S O Y U Q
L N E W M E X I C O R E Y E L H H J X E
L E T U R T L E C A L P E R I F P F B T

AARON ECKHART
APACHE
BARN
BLINDFOLD
BRAKE BALDWIN
CATE BLANCHETT
CHANTING
CHIRICAHUA
DOT
ESTRANGED FATHER
FIREPLACE
FLAMING ARROW
GRANDDAUGHTER
HOLDING CELL
HORSES
INDIANS
JIM DUCHARME
KIDNAPPING
LIEUTENANT
LILLY
MAGGIE GILKENSON
MEDICINE MAN
NEW MEXICO
PHOTOGRAPHER
RATTLESNAKE
RECONCILIATION
RESCUE
RIFLE
RITUAL
SAMUEL JONES
SHERIFF
SISTERS
SOLDIER
TELEGRAPH
TOMMY LEE JONES
TURTLE
VAL KILMER
WINTER

Solution on page 162

The Wild Bunch

U Q R A T A H J H D X K Y T F C F H Z F
B I F S C O R P I O N A Y R T R E B O R
F G U N F I G H T K I L F Z W E Z H N E
M I R R O R E I T N O R F I G J X B Y D
G O D V C T R N U I H L L D U B L A B D
E S J S E I N G E F W L I M B A P X S I
H Q E W A U E R N E I R B O D N O M D E
J D I L G N S Y O A B O U R J K H E A S
S M I T I Z T E M H O N E T Y G S A X Y
B A O H C B B H P H T X M S R N I R G K
J H C M I L O G C Y P E F G C I B A E E
S A D H C L R M H L X O K N L L E I E S
M N B Y D O G U O I R W P E F G K L O W
Y V K E B O N S C T X Z T H D G I R H A
O D N B H T I A U W U A A C D U P O C L
G C E E E O N N J N I A R T Y M R A A T
Y R I R N A E S H O O T O U T S V D M U
Y S S X R Q E U B P Q G O D E Z L N I O
T N E M E R I T E R F N G S C S B I X J
T Y Y H X M H J S F C J I M P Y S W O W

ARMY TRAIN
AUTOMOBILES
BANK
BOUNTY HUNTERS
BRIDGE
DEKE THORNTON
DUTCH ENGSTROM
EDMOND OBRIEN
ERNEST BORGNINE
EXPLOSION
FORTUNE
FREDDIE SYKES
FRONTIER
GUNFIGHT
HEIST
HORSES
JAIL
KNIFE
MACHINE GUN
MEXICAN ARMY
MEXICO
MIRROR
OUTLAWS
PIKE BISHOP
RAILROAD
RETIREMENT
ROBBERY
ROBERT RYAN
SCORPION
SHOOTOUT
SHOTGUN
SMUGGLING
TEXAS
TRAIN
WILLIAM HOLDEN
WIND

Solution on page 163

The Magnificent Seven

M A P U G G M E X I C O K U P P S H J D
I E I C R N U C N K R E N N Y R B L U Y
C P W A K V I N Q R J H M E B C S Y L W
U Z V S L C Q L F A U L S E G T R I D Q
Z E Y I W U U A B I P B R U T B E L Y Q
W Z M N K K U L G M G N O Q B E M X W Z
U D Q O O R E C Y G A H K C L M R O A J
S Y T I C S S O Y R T G T M S R A Y Y S
S E V T R Z N H D K R U P E R E F I N K
B E S A B U I O X A E A B V R W M B E E
G X E R G I O L R N V V H E O O B A K T
F H I T O R M G C B K T U T X T Z N J L
O T O L E H L Y B R S R D S S L N D S T
T H O I C A L V E R A E J B A L O I T O
S C L F R S W I T C H B L A D E O T N P
E L C N Y V H L R L G O T R P B L S A Y
Y E L I W A L L A C H R I S A D A M S R
K V F I E S T A Y N W O D W O H S X A Y
P I H D M O T G A E R I F P M A C Q E L
W J F H Q C W E L N P Q Z X E O S N P E

ALCOHOL
AMBUSH
AXE
BANDITS
BELL TOWER
BERNARDO OREILLY
BETRAYAL
BRITT
CALVERA
CAMPFIRE
CASINO
CEMETERY
CHARLES BRONSON
CHRIS ADAMS
ELI WALLACH
FARMERS
FIESTA
GAMBLING
GRAVE
GUNFIGHTER
HARRY LUCK
HEARSE
HORSES
INFILTRATION
JAMES COBURN
KNIFE
LEE
MEXICO
PEASANTS
ROBERT VAUGHN
SALOON
SHOTGUN
SHOWDOWN
STEVE MCQUEEN
SWITCHBLADE
TEXAS
VILLAGE
VIN
YUL BRYNNER

Solution on page 163

High Noon

I J J P J N W R E V E N G E F D H A S E
D T H W E U H U P P G O G R D E P U T Y
W N U Y N R D P S L U A A T L W V W A T
X H P W J H D G C C I N R E Q Y I B B U
E A M Y F O W L E R K A N E G L L M L G
I R O M C S N G R M I R J B L W L A E D
X V C A R T D A I N A F A K R E E Y T Z
H E I R F A M L S M O R A C R N H O O Z
Q Y X T B G L T I H B N T I S F C R H U
V P E I J E A R R E E N W R E F T E X J
Y E M N R T E A R S O N A T G I I T T F
Q L W H I Z T S W E V C D T D R M I U W
Q L E O Q S H C T A P E Y E I E S R F E
A A N W U O J A H P M O J M R H A E R V
X H D E P T E G D U R G O Y B S M M V W
I S G N O O L A S F R N W C D T O E B K
P R I S O N U A C L O C K R Y D H N V U
V A G N I D D E W O F S H E O R T T O Q
S M A L L T O W N S P E O P L E A G X H
A U V L X M G R A C E K E L L Y Z G Z M

AMY FOWLER KANE
ARSON
BADGE
BARBERSHOP
CHURCH
CLOCK
DEPUTY
EYE PATCH
FIRE
FRANK MILLER
GARY COOPER
GRACE KELLY
GRUDGE
HARVEY PELL
HELEN RAMIREZ
HOSTAGE
HOTEL
JAIL
JONAS HENDERSON
JUDGE
LLOYD BRIDGES
MARRIAGE
MARSHAL
MARTIN HOWE
MAYOR
NEW MEXICO
NEWLYWED
NOON
OUTLAWS
PERCY METTRICK
PRISON
RETIREMENT
REVENGE
SALOON
SHERIFF
SMALL TOWN
STABLE
THOMAS MITCHELL
TOWNSPEOPLE
TRAIN STATION
WEDDING
WILL KANE

Solution on page 163

Rio Bravo

Y H J A K Y X T H G I F T S I F R G S R
E K F C H E A T I N G R T P F B W P N E
C M X F D Y N A M I T E E I J A I L H N
S H A V I N G O N Y X K X H L T H D R O
N P K H U R I R S A U O M T T A L U E S
Q Y S M S E E Z S L Y P E O R O W D R I
U S I B J L D H T P E R O M K Z R E E R
L O N Z O E I S S D B N O Q N U H B D P
I S Y W H E C X T R W N Y D N T V L R K
R D Q O N H K N E A I B B K A J B G U K
M E Z Y W W I N A C G A I E C R X N M Y
D P H U A T N N A H S E F H X I O I E P
V U E C Y A S U W N C S C U O A R L D E
Z T W N N P O C R O N T H O P S E B O S
N Y R D E A N M A R T I N O A T T M O C
R P V A P O R B T C I L O H O C L A R A
B M X L O I A Y I J F T L H O T H G G P
B U S L R S B N U O N I S A C J O S E E
F T A A N U F U G I T I V E M Q X U G G
I S J B O A D L O J S A M B U S H B T C

ALCOHOLIC
AMBUSH
ANGIE DICKINSON
BALLAD
BARN
BROTHER
CARD PLAYING
CASINO
CHEATING
COLORADO RYAN
DEAN MARTIN
DEPUTY
DRUNK
DUDE
DYNAMITE
ESCAPE
FEATHERS
FIST FIGHT
FUGITIVE
GAMBLING
GUITAR
HARMONICA
HOSTAGE
HOTEL
JAIL
JOHN T CHANCE
JOHN WAYNE
MURDERER
PAT WHEELER
POKER
PRISONER
RANCHER
RICKY NELSON
SALOON
SHAME
SHAVING
SHERIFF
SHOOTOUT
SMALL TOWN
SPITTOON
STAGECOACH
STUMPY
TEXAS
WALTER BRENNAN

Solution on page 163

CHAPTER 6: **Independent Wonders**

Little Miss Sunshine

M S A C R A S U P E R F R E A K A T H G
U C K N A R F E L C N U S R B P O R R S
D M Z H X M U T O T I T P O I Y T E P L
S H A D A P E T O N K D E U G C G C Y R
E D O M A L A E H A R W T T A K H N W E
M G W P L Y P L C E A A S I I H P A B N
I N I A B R D L S G N Y E N L O I D R I
N A N U U E N O T A A N N E B N R R R D
A M N L Q H A C H P L E I U R K T O F S
R S E D U S R I G X A R N O E I D N I C
N S R A E Y G N I R E F F U S N A A C H
X O S N R L X O L O L I V E L G O M E O
J R S O Q B T T F Z L T Y E I H R T C L
E G C L U T C H C A E B O D N O D E R A
C N T S E T N O C Y T U A E B R V S E R
N A M R A G U S Y R R A L C U N H N A B
E T R C E Y S T E V E C A R E L L U M B
L S O D N I L B R O L O C A S R E S O L
I N E W M E X I C O L A T I P S O H I N
S S E C C U S O Z E U P K Q H B H S Y W

A LA MODE
ABIGAIL BRESLIN
ALAN ARKIN
ALBUQUERQUE
BEAUTY CONTEST
BUS
CLUTCH
COLOR BLIND
DANCER
DINER
DWAYNE
FLIGHT SCHOOL
GRANDPA
GREG KINNEAR
HONKING HORN
HOSPITAL
ICE CREAM
LARRY SUGARMAN
LOSERS
MISS CALIFORNIA
NEW MEXICO
NINE STEPS
NOTEPAD
OLIVE
PAGEANT
PAUL DANO
REDONDO BEACH
RICHARD
ROAD TRIP
ROUTINE
SARCASM
SCHOLAR
SEMINAR
SHERYL
SILENCE
STAN GROSSMAN
STEVE CARELL
SUCCESS
SUFFERING YEARS
SUNSET MANOR
SUPER FREAK
TONI COLLETTE
UNCLE FRANK
WINNERS

Solution on page 164

Juno

T C P R O M F D G B D U G C A C T U S F
L T Q N A I C I N H C E T L I A N U U W
A I N H C C F X I A C G H P F O C E N Z
G C I E C H T A N M O A E E C H H L N S
S T L H M A A I N B J P A N I D F A Y J
C A I V K E E I U U E N R N A O F H D U
M C B D L L S L R R N E T Y D U U W N N
Y S E O D C Q A B G N L B S O G G Y U E
L N R E K E E L B E I L U A P H C R O B
O A T R O R L E H R F E R V T N A A S U
O M Y G I A B P I P E A N E I U M N A G
H E B E M U U V M H R X S R O T N O R N
C T E E N A G E R O G S O R N H E I T I
S A L S K A T R I N A D E V O O R T L R
H B L D O G L O V E R P I S A L B U U O
G N I R O L A S S E N A V Q U E O A A L
I O D S E I V O M R E H S A L S N C L K
H S A J G S L I A N R E G N I F E P X R
R A T I U G I P R E G N A N C Y Y E A A
Y J U N O M A C G U F F U G C A M C A M

ADOPTION
BASEMENT
BREN MACGUFF
CACTUS
CAUTIONARY WHALE
CHAIR
COLOR SAFE BLEACH
DOG LOVER
DOUGHNUT HOLES
ELLEN PAGE
FINGERNAILS
GUITAR
HAMBURGER PHONE
HEARTBURN
HIGH SCHOOL
JASON BATEMAN
JENNIFER GARNER
JUNEBUG
JUNO MACGUFF
KATRINA DE VOORT
LEAH
LIBERTY BELL
MAC MACGUFF
MALL
MARK LORING
MICHAEL CERA
NAIL TECHNICIAN
PAULIE BLEEKER
PENNYSAVER
PIPE
PREGNANCY
PROM
RUNNING
SLASHER MOVIES
SU CHIN
SUNNY D
TEENAGER
TIC TACS
ULTRASOUND
VANESSA LORING

Solution on page 164

Good Will Hunting

N Z D O G T R A C K R A L Y K S B J Z H
A X S G N Y U S X L A D E M S D L E I F
G J T S I R T A I H C Y S P R L R S R M
R T D C T O S Y E P C I G A M S Z E A T
O B B H N M U P G B S N G E E T K A I X
M O A U U E B V E O M S E T B R O N N H
I S T C H M W S N E R A T R O E S M R S
N T T K L C A P W A D E L W W E N A O W
E O I I L I Y V K E R R N D L T A G F O
Q N N E I H G S C A I O E P L T H U I R
U O G S W P N M G G I V P A C A P I L L
A M C U Y A O I A T V A R W D V R R A D
T A A L L R C T C S U I N E G E O E C S
I D G L L G U U Y P A R E H T R R Y G E
O T E I I O R S M A I L L I W N I B O R
N T D V B T R E V I R D E I N N I M L I
S A Q A S O R S K C E L F F A N E B J E
E M E N T H A R V A R D C E I H T U O S
P E O Y W P R O F E S S O R O T I N A J
S C I T A M E H T A M F O R M U L A V V

APPLES
BATTING CAGE
BEN AFFLECK
BILLY
BOSTON
CALIFORNIA
CHUCKIE SULLIVAN
CIGARETTES
CONSTRUCTION WORKER
DOG TRACK
EQUATIONS
FIELDS MEDAL
FORMULA
GENIUS
GERALD LAMBEAU
HARVARD
HYPNOSIS
JANITOR
JOB INTERVIEWS
L STREET TAVERN
MATHEMATICS
MATT DAMON
MINNIE DRIVER
MIT
MORGAN
ORPHAN
PHOTOGRAPHIC MEMORY
PROFESSOR
PSYCHIATRIST
ROBIN WILLIAMS
SEAN MAGUIRE
SEE ABOUT A GIRL
SKYLAR
SOUTHIE
SPEED READER
STELLAN SKARSGARD
SUBWAY
THERAPY
WILL HUNTING
WORLD SERIES
WRENCH

Solution on page 164

Napoleon Dynamite

E B E P T L R N Y J W X J X C I W C R C
G G P E G U T R I S H A W P Z Z M H L H
F N M H Q L L A B R E H T E T W A A V A
M P A L O O H C S H G I H C E C S P U T
I L R P T J O D H Y T C R D A S D S U R
L L E V O O R G E C N A D G P F U T N O
V A K Q A L D M K A X I E R N M M I C O
B B I E M B E I S T N F E K M O E C L M
Z T B F A R P O W G I S F E W T J K E A
D O A B L T R F N G I M R H S O G L R L
T O I T L D O Y H D A K E P E R N Q I S
S F D C E J F T E V Y I N M J C U D C E
X C A P U R E N S P A N R Q A Y D N O P
U W H B R R T P E B M E A E E C V G I W
V M O O N B O O T S D G M M T L H N F N
B A I W O Q V Y T E N H I C I E A I J E
J R D L R L S V H S A X R G I T F W N Q
X K W I A V B N E G R G E R A I E A E E
E S L N A M O U G R G X Z R Y A D R C T
P I H G P J J T S K C U H C N U N D D X

AARON RUELL
BIKE RAMP
BOWLING
CAFETERIA
CAGE FIGHTER
CHAPSTICK
CHAT ROOM
CLASS PRESIDENT
DANCE GROOVE
DRAWING
EFREN RAMIREZ
FOOTBALL
GOSH
GRANDMA
HIGH SCHOOL
IDAHO
JON GRIES
JON HEDER
KIP
LLAMA
MOON BOOTS
MOTORCYCLE
NAPOLEON DYNAMITE
NUNCHUCKS
NURSE
PEDRO SANCHEZ
PINATA
REX
SCHOOL BUS
SUMMER
TAE KWON DO
TATER TOTS
TETHERBALL
TIME MACHINE
TRISHA
UNCLE RICO
VOTE FOR PEDRO
WEDDING

Solution on page 164

My Big Fat Greek Wedding

F U W K S G R G V B A P T I S M U A N E
R N I R N N O I T P E C E R S H O T A M
I I N E O I O S T N E M E G A G N E I O
I A D L W C T A Y C N E G A L E V A R T
K V E L B K O S R E N A E L C Y R D A N
A A X I E M F M A T I T N N Y U S Z T A
T R U M A H T S P R T Q Y G R S B E E R
E D H N S K H A A U R E V O E K A M G U
L A N A T S E M D B T U B T T L L F E A
C L Y I D V W E Y M R E S R T B O E V T
N O E B R T O U L A P O R T O K A L O S
U S N B K S R U O L H C Z C P C D U P E
O F D T U D D E L G H S W G L W N C X R
R F O G A N S U N A J E R A N A H H X Y
E F R P R C D I P I K K I N N I S U O C
H A R R I E T T E G E L L O C S C S S J
C M I C H A E L C O N S T A N T I N E R
A I T X E A U K E A A X G S M Q Y E A S
E L C S N L E E W N K O W E D D I N G D
T Y K H G S D I A M S E D I R B F J X R

ANGELO
AUNT VOULA
BAPTISM
BRIDESMAIDS
BUNDT CAKE
CHICAGO
COLLEGE
COMPUTER CLASSES
CONTACT LENS
COUSIN NIKKI
DANCING ZORBAS
DRY CLEANERS
ENGAGEMENT
FAMILY
GREEK
GUS
HARRIET
IAN MILLER
JOHN CORBETT
LAMB
MAKEOVER
MARIA
MICHAEL CONSTANTINE
NIA VARDALOS
NICK
OPA
POTTERY CLASS
RECEPTION
RESTAURANT
RODNEY
ROOT OF THE WORD
SEATING HOSTESS
SNOW BEAST
TEACHER
TOULA PORTOKALOS
TRAVEL AGENCY
UNCLE TAKI
VEGETARIAN
WEDDING
WINDEX

Solution on page 164

Pulp Fiction

C D R R D G O G H U R R M I V D I B D J
H A M B U R G E R A T H N I K P M U P W
A N L H U E N R E C O R D P L A Y E R N
Y C A I P Z P E G D I L O O C H C T U B
N E S T F M T T N A M R U H T A M U O P
N C S M P O H S N W A P I R L A E S U S
U O A A R O R G A N H N U L G P S I Y D
B N S N P R E N I D E V A E C N A L T L
Y T S K B H A A I G J W V U J V C L Y A
E E I T C T A G U A S T E H O R F I B N
N S N A A A Z N E U N Y S W H F E W E O
O T B K E B J U L E S W I N N F I E L D
H Y A C G B S L C G F A F Q T Y R C Z C
S R O X N R E N L W A F T I R G B U Z M
H E L V I S I M P E R S O N A T O R U T
O B X N R V L S A X U L C C V F A B M R
T B G A Y E G A S S A M T O O F L H Q Q
G O M L S U X F M I A W A L L A C E U D
U R Z Q R W N O I O W R I S T W A T C H
N O C D U K T A B X A A D N A L O Y O A

ASSASSIN
BATHROOM
BOSS
BOXER
BRIEFCASE
BRUCE WILLIS
BUTCH COOLIDGE
CALIFORNIA
COFFEE
DANCE CONTEST
DINER
DRUGS
ELVIS IMPERSONATOR
FOOT MASSAGE
GANGSTER
HAMBURGER
HITMAN
HONEY BUNNY
JOHN TRAVOLTA
JULES WINNFIELD
KATANA
LANCE
MACHINE GUN
MARSELLUS WALLACE
MCDONALDS
MIA WALLACE
MUZZLE
PAWNSHOP
PUMPKIN
RECORD PLAYER
RINGO
ROBBERY
SAMUEL L JACKSON
SHOTGUN
SYRINGE
TAXI
UMA THURMAN
VINCENT VEGA
WRISTWATCH
YOLANDA

Solution on page 164

The Usual Suspects

E Z O S R E S Y E K E V I N S P A C E Y
E Q R J E N R Y B L E I R B A G D G E B
Z L E Y U U T O D D H O C K N E Y G F R
B R E T S N E F D E R F R E P I N S F I
L C O R R U P T I O N W H B E M W K O J
N O T A E K N A E D W E E B D L Y E C F
I C H A Z Z P A L M I N T E R I F V B G
N U S C U S T O M S I I E S O F Q I U A
T A P P P N T M T C E W N N P I A N R S
E P J O E H O H I N M D F R I G E P O O
R T F U L S N O I S O L P X E T A O B L
R D O C K I D H A E P A E N R Y I L R I
O S U S P E C T S L F B T A M D W L A N
G X O N L A V E U P E N Y M H N V A H E
A H I T M A N A L P H E V N L C O C L W
T J O X F C W L D I Z H Z O A R I K H Y
I R A L I G H T E R N P O C B K W M P O
O F X S I H I J A C K E D T R U C K R R
N O T I C E B O A R D T U P E X L C E K
S H C I G A R E T T E S S P V W V F R U

KEVIN SPACEY
KEYSER SOZE
LAWYER
LIGHTER
MICHAEL MCMANUS
NEW YORK
NOTICE BOARD
POLICE LINEUP
RIFLE
SAN PEDRO PIER
SNIPER
STEPHEN BALDWIN
SUSPECTS
THIEF
TODD HOCKNEY
US CUSTOMS
VERBAL

BENICIO DEL TORO
BOAT EXPLOSION
CHAZZ PALMINTERI
CIGARETTES
CONMAN
COFFEE
CORRUPTION
CRIPPLE
DAVE KUJAN
DEAN KEATON
DOCK
FAX MACHINE
FBI AGENT
FRED FENSTER
GABRIEL BYRNE
GASOLINE
HARBOR
HEIST
HIJACKED TRUCK
HITMAN
INTERROGATION
KEVIN POLLACK

Solution on page 165

Swingers

I J M L L N U G D N A H V C W V F O A H
F W E M V I D E O G A M E S B Y F O O G
F F L T D B N T U L X M V O U Q M C Y P
T R A I L E R D B S F A J G N I K R A P
E N S J D A U I L A S C D O N E H S I U
Z H V S J U T S E R H E O A Y R P W N B
Q D E Z V T R N D T C R R U V I N I R K
O R G B I I E E O E L B I T R E V N O C
D M A R N F N Y W T M R D I I S N G F A
Y I S E C U T L N Y S A N S J A E D I J
B K E A E L W A B I J G N O V O W A L K
R E L K V B A N G Q A R N Y B S Y N A C
E P E F A A L D J C A F E I O O O C C A
D E G A U B K E T T A N C F V B R I Y L
E T N S G I E O G V I E Y R L I K N B B
H E A T H E R G R A H A M M F Z L G N I
T R S A N S W E R I N G M A C H I N E S
K S O A M R A R Y E N O M O S E R U O Y
X S L B P U O N I S A C N B N E R J N R
L O H O C L A L H O D L V X V M N M B T

ALCOHOL
ANSWERING MACHINE
ASPIRING ACTORS
BABIES
BLACKJACK
BOY NAMED SUE
BREAKFAST
BUNNY
CAFE
CALIFORNIA
CASINO
CONVERTIBLE
DISNEYLAND
DOUBLE DOWN
DRESDEN
GOLF COURSE
GOOFY
HANDGUN
HEATHER GRAHAM
HOCKEY
JON FAVREAU
LAS VEGAS
LORRAINE
LOS ANGELES
MIKE PETERS
NEVADA
NEW YORK
PARKING
ROB
RON LIVINGSTON
SWING DANCING
THE DERBY
TRAILER
TRENT WALKER
VIDEO GAMES
VINCE VAUGHN
WAITRESS
YOURE SO MONEY

Solution on page 165

Office Space

N H Y P N O S I S L A W R E N C E M J T
E E Z B I R T H D A Y C A K E H H I O G
I R E T N I R P E L C I B U C P L L A D
G M I C H A E L B O L T O N U Q V T N V
H P A Y R O L L P E T E R G I B B O N S
B A A C O F F E E R A W T F O S K N A B
O T W L N R I A L F I J B U H S K H P I
R N U A L J A M B Z K B A M B V S R R L
J E N N I F E R A N I S T O N U B E O L
T M C C V I X O Y G Y P B V R R O L G L
P E H I I P A R A O A P N I T O B P R U
S L O F N A L N P O O Z V E R I S A A M
R Z T F G P N M S R R R I S P D L T M B
E Z C A S E O F T H E M O N D A Y S M E
P E H R T R S E N T I A Q L E R D D E R
O B K T O J R Y U M B R I M A S E E R G
R M I Z N A A P O I N I T E C H L R S H
T E E A T M M A C H I N E D P C L C Q B
S U S M Z O Y X C T A B L L A B E S A B
E N I H C A M X A F L S F F O Y A L E A

ACCOUNTS PAYABLE
ARSON
ATM MACHINE
BANK SOFTWARE
BASEBALL BAT
BILL LUMBERGH
BIRTHDAY CAKE
BOB PORTER
BOB SLYDELL
CASE OF THE MONDAYS
CHOTCHKIES
COFFEE
COMPUTER VIRUS
CUBICLE
EMBEZZLEMENT
FAX MACHINE
FLAIR
HAWAIIAN SHIRT DAY
HYPNOSIS
INITECH
JENNIFER ANISTON
JOANNA
KUNG FU MOVIES
LAWRENCE
LAYOFFS
MAGAZINES
MEMO
MICHAEL BOLTON
MILTON
NEIGHBOR
PAPER JAM
PAYROLL
PETER GIBBONS
PRINTER
PROGRAMMERS
RADIO
RED STAPLER
RON LIVINGSTON
SAMIR
TPS REPORTS
TRAFFIC

Solution on page 165

Crash

M V R O B B E R Y N O H T N A D M F I L
J M U R D E R T A H W Q R N X T A B H O
N S C H R I S T I N E T H A Y E R L T C
N K A O L C E L B I S I V N I X I O E K
O C E L D A E H C N O D P P E Y A S L S
I O N L I C C A R A C C I D E N T A N M
S L B Y R C A R J A C K I N G B Q N O I
O L L W V S E I R E C O R G R S Y G I T
L U A O R E Y A H T N O R E M A C E S H
P B N O S N A H M O T O N I U C L L S I
X A K D U Y S M A T T D I L L O N E A T
E R B D B U G R A H A M W A T E R S P C
V D U I J X W T A N E P L E A H C I M H
I N L R R E C I F F O E C I L O P F O H
T A L E Q I B R E P E E K E S U O H C I
C S E C R Y A N P H I L L I P E F G V K
E D T T H S T O B A C N A E J V V J D I
T P S O E U C S E R C O R R U P T I O N
E I Y R I C K C A B O T I P O H S N U G
D A N I E L J R R V S H A N I Q U A F D

ANTHONY
BLANK BULLETS
BRENDAN FRASER
BUS
CAMERON THAYER
CAR ACCIDENT
CAR JACKING
CHRISTINE THAYER
COMPASSION
CORRUPTION
DANIEL
DETECTIVE
DISTRICT ATTORNEY
DON CHEADLE
EXPLOSION
GRAHAM WATERS
GROCERIES
GUN SHOP
HATRED
HITCHHIKING
HOLLYWOOD DIRECTOR
HOUSEKEEPER
INVISIBLE CLOAK
JEAN CABOT
LOCKSMITH
LOS ANGELES
MARIA
MATT DILLON
MICHAEL PENA
MURDER
POLICE OFFICER
RESCUE
RIA
RICK CABOT
ROBBERY
RYAN PHILLIPE
SANDRA BULLOCK
SHANIQUA
TOM HANSON

Solution on page 165

CHAPTER 7: **Judge and Jury**

12 Angry Men

W F O W R P W J Z Z B Z X Z E R Q O Z R
T R I A L W Y O U N Z Q H E A T W A V E
W A T C H M A K E R E K O R B K C O T S
V I N O T G U I L T Y T C E T I H C R A
X N W P E C N E T N E S H T A E D O D C
I S U H S R E B B E W T R E B O R E S R
Q T V O T E J V U H O Z A E U U L S E E
Z O U T C L B U O W M E L D J I F N A D
C R L O K D A S D K A D P B B N K N D R
R M B G Y E N E E W S H P E S O J I V U
Q B J R T I K A L S W O R G Z R K B E M
D J A A M F C L B I S A V L T R C D R A
B A C P Q N L Q A B T A Q E O I A R T N
H J K H U H E K N I F E L Y G F K A I H
A C W N M O R K O L N Z W G B R K W S A
S Z A X K J K N S A L E S M A N O D I T
F R R O M A S L A B N I T R A M Y E N T
P L D T C J R Q E G M A R S H A L L G A
A E E D N H E N R Y F O N D A G S E Q N
P D N A M G U L K K C A J V E R D I C T

MARTIN BALSAM
MURDER CASE
NEW YORK
NOT GUILTY
PHOTOGRAPH
RAINSTORM
REASONABLE DOUBT
ROBERT WEBBER
SALESMAN
STOCKBROKER
TRIAL
VERDICT
VOTE
WATCHMAKER

ADVERTISING
ALIBI
ARCHITECT
BANK CLERK
COACH
DEATH SENTENCE
DELIBERATION
ED BEGLEY
EDWARD BINNS
EG MARSHALL
GEORGE VOSKOVEC
GLASSES
HEAT WAVE
HENRY FONDA
JACK KLUGMAN
JACK WARDEN
JOHN FIEDLER
JOSEPH SWEENEY
JURORS
JURY
KNIFE
LEE E COBB
MANHATTAN

Solution on page 166

A Few Good Men

Y E C N E D I V E T E S T I M O N Y N Y
R E F S N A R T K E V I N P O L L A C K
C O D E R E D E M I M O O R E D S W A C
G Q E S A C R E D R U M T I D Z E O B O
G R E B N I E W M A S O B V N M V L U L
J L L A H S S E M J M H H A A L I L C O
M N A V Y X S J U C O P T T L I N A Y N
J A I L P X W S R N J H T E R E K G A E
A Y R L U Q H U O U A H A S E U K E B L
C E T I K C I R D N E K N A H T A N O J
K N A B N S T G J W B I E N T E E N M A
N W B E E E E E M N A I O T U N T A A C
I O L N O B S A O T R F P I S A S O N K
C D L O C S R S P P R E B A R N O J A R
H N A H U K W A Q M A S U G E T R I T O
O E B P I A C Z W E C O S O F Q E E N S
L D E N D A N I E L K A F F E E G N A S
S U S Q D N A T S S S E N T I W A L U I
O O A A F N O C A B N I V E K E N J G O
N L B M L Y K P F M O O R T R U O C R I

BARRACKS
BASEBALL BAT
CAPTAIN
CODE RED
COLONEL
COURTROOM
DANIEL KAFFEE
DAWSON
DEMI MOORE
DRESS WHITES
EVIDENCE
GUANTANAMO BAY CUBA
HONOR
JACK NICHOLSON
JACK ROSS
JOANNE GALLOWAY
JONATHAN KENDRICK
JUDGE
KEVIN BACON
KEVIN POLLACK
KIEFER SUTHERLAND
LIEUTENANT
LOUDEN DOWNEY
MARINES
MATTHEW MARKINSON
MESS HALL
MURDER CASE
NATHAN JESSUP
NAVY
OREGANO
PHONE BILL
PRIVATE SANTIAGO
SAM WEINBERG
STEAK KNIVES
SUBPOENA
TESTIMONY
TOM CRUISE
TRANSFER
TRIAL
WITNESS STAND

Solution on page 166

Cool Hand Luke

O X L J B Q F Q B U R I U Z V A P E W A
E R I H F S Y M F P W R W F Z B A N J O
X A Q N H K O K O L D H A I R C U T Y A
I E T O I S O L A T I O N C E L L E X S
N J V I I U C O U C H A I N G A N G H L
X E P T N N B U J K I E J S Y I E O A J
L B O S S G O D F R E Y R D L O W X M K
Y L K U U L C M C M O J O G R E M A A O
V O E A U A H O O B S Z A G R P A Y G X
F O R H E S I U N G G R E C W R N M A Z
R D G X C S L T F T G K Y D K I I L Z J
S H D E R E I H R P E N L Z B S C B I M
Z O S V U S P S O N C S D G D O O B N R
M U L L E T O T N S G N T E H N X N E Y
W N Y R L U W E T K I T M O P C A I S J
A D W H T U D V A A P E L A B A N B N V
R O K H Y Y E E T T A I P A M M C M S G
D W E C V I R P I N C C L U A P S S O B
E R X Z C P A S O C I E T Y R E D D E L
N J U F Z C U R N C E L K G Y G Q S X P

ALCOHOLIC
AXE
BANJO
BLOODHOUND
BOSS GODFREY
BOSS PAUL
BOXING
CAPTAIN
CARR
CHAIN GANG
CHILI POWDER
CONFRONTATION
CRUELTY
EATING CONTEST
EGGS
ESCAPE
EXHAUSTION
GRAGLINE
GEORGE KENNEDY
GUARDS
HAIRCUT
ISOLATION CELL
JAIL
KOKO
LOUDMOUTH STEVE
LUKE JACKSON
MAGAZINE
MISDEMEANOR
MOTHER
MULLET
PAUL NEWMAN
PIG
POKER
PRISON CAMP
SHOVEL
SHOWER
SOCIETY RED
SOUTHERN
SUNGLASSES
WARDEN

Solution on page 166

The Shawshank Redemption

T B W A R D E N N O R T O N O T X U B W
C B I T A X S E A S O N E X A L R S V C
A Z A A P A Y L M E N I L P I C S I D O
V E S C A P E T E Y R A M R I F N I A H
O W Y S R C L A E C N E T N E S E F I L
H E Y W O O D H R H Y M M O T P Z N X I
I P A D L R A S F E R G A I B O G G S B
R O N D E R H K N S R E T S I S E H T R
J H D R N U N O A S A U T O B T O T C A
T O Y O H P I O G G T N O D L E L R A R
M H D T A T A R R I N G T H E R O O F Y
N H U A R I T B O C I X E M B W G W X C
U R F R M O P N M X E M X N M Y Y Y X A
H T R R O N A E C O C I F I C A P A N I
F H E A N L C I G A R E T T E S B H M L
C E S N I B B O R M I T V X Y P A A N A
B S N Z C S E M B E Z Z L E M E N T K S
Y R E H A B I L I T A T E D K C K I H N
J D Y A X J K N R O C K H A M M E R X O
A X N S H A W S H A N K N O S I R P X T

ANDY DUFRESNE
BANKER
BEER
BIBLE
BOGGS
BROOKS HATLEN
BUXTON
CAPTAIN HADLEY
CHESS
CIGARETTES
CORRUPTION
CROW
DISCIPLINE
EMBEZZLEMENT
ESCAPE
GEOLOGY
HARMONICA
HEYWOOD
HOPE
INFIRMARY
INSTITUTIONALIZED
LIBRARY
LIFE SENTENCE
MEXICO
MORGAN FREEMAN
NARRATOR
PACIFIC OCEAN
PAROLE
POSTER
PRISON
RED
REHABILITATED
RITA HAYWORTH
ROCK HAMMER
SHAWSHANK
TARRING THE ROOF
TAX SEASON
THE SISTERS
TIM ROBBINS
TOMMY
TRIAL
WARDEN NORTON

Solution on page 166

The Firm

M N A E B B I R A C Q S I R R A H D E R
E J W R D U A R F T T B A R E X A M R T
M Z E I E D C S S O B A I F A M C E E D
P O C A X D I E L E V A T O R T C O E E
H V N G N I R E D N U A L Y E N O M D T
I L A O N N N U L M R I F S A E U I C E
S O L R R F E V M O V H D R B G N T M C
U O L A I A X T E E M E R E U A T C Y T
Y H I L B S I V R S N A B Y D I N H A I
L C E O A E R L F I T Q X W Y B U M R V
F S V T Q B A E H E P I A A A F M C B E
R W R Y U M B C N J L P G L C Y B D O E
J A U R B O A Y H T N I L A H V E E K S
P L S E V M A D M N R L A E T Y R E R V
H R R V X W J H Q C D A M M H I S R E F
Z T I A U F R A M E D P P A K O O E H V
X O F S N A M K C A H E N E G C R N T A
F N V T O M C R U I S E E X U Z A N O P
R F R O Y N H A L H O L B R O O K L R M
N D I D Z H O L L Y H U N T E R Y T B Z

ABBY MCDEERE
ACCOUNT NUMBERS
AVERY TOLAR
BAR EXAM
BEACH
BLACKMAIL
BROTHER
CARIBBEAN
DETECTIVE
ED HARRIS
EDDIE LOMAX
ELEVATOR
FAX MACHINE
FBI AGENT
FIRM
FRAMED
FRAUD
GENE HACKMAN
HAL HOLBROOK
HOLLY HUNTER
INVESTIGATION
JEANNE TRIPPLEHORN
LAW SCHOOL
LAWYERS
MAFIA BOSS
MEMPHIS
MITCH MCDEERE
MONEY LAUNDERING
MONORAIL
MURDER
OLIVER LAMBERT
PARTNERS
PRISON
RAY MCDEERE
STOLEN FILES
SURVEILLANCE
TAMMY HEMPHILL
TOM CRUISE
WAYNE TARRANCE
YACHT

Solution on page 166

The Fugitive

N O G A C I H C O S M O R E N F R O V X
O N U D R A W A L E S P A R A D E P A A
A M W S S E N O J E E L Y M M O T L P Z
H S W E T T D W F R K E A Z D I P B J K
N A J W Q R P R M P Y N W C E E O X O D
E M R E I C A A U H S N B B M V C D E Y
W U U R L K H I T M K U U K R I I V P M
M E Y T I B U A N R C T S N A T L J A H
A L T R Z S M S R W I O V F E I E D N V
N G L E A P O I P L R C H G N G H E T J
O E A N F A K N K A E E K M O U A P O A
E R N C B T S B F N D S C S T F I U L N
G A E H S E S F X O E G N K D P R T I I
R R P C N N L M S P R L Q I T A D Y A T
U D H O O O A F A E F D E Y C Y Y P N O
S Q T A R H H C G I Z O Y H B H E O O R
C L A T I P S O H Y T N U O C K O O C Z
V T E S G E R I C H A R D K I M B L E P
D U D L E S A H C A M B U L A N C E S H
V Z P C L R M M N Y I P R O V A S I C W

AMBULANCE
CHARLES NICHOLS
CHASE
CHICAGO
COOK COUNTY HOSPITAL
COSMO RENFRO
DAM
DEATH PENALTY
DEPUTY POOLE
DEVLIN MCGREGOR
ESCAPE
FREDERICK SYKES
FUGITIVE
HAIR DYE
HARRISON FORD
HELEN KIMBLE
HELICOPTER
JANITOR
JOE PANTOLIANO
LEG IRONS
MARSHALS
MURDER
NOAH NEWMAN
ONE ARMED MAN
PARADE
PHONE TAPS
PROVASIC
RICHARD KIMBLE
SAMUEL GERARD
SELA WARD
SEWER
ST PATRICKS DAY
SUBWAY
SURGEON
TOMMY LEE JONES
TRAIN WRECK
TRENCH COATS
TUNNEL

Solution on page 166

The Green Mile

B O N N I E H U N T N O I T U C E X E G
M I C H A E L C L A R K E D U N C A N D
O H D A V I D M O R S E L K M O Z I U M
C P E R C Y W E T M O R E N J I N L U M
E G A E Y T X R M A G I C W X T T A M L
G N N M O S I W T L W A T Z H U O R O L
D I S O D E O M S L A X R G E T O L O I
E L T H A R R Y T E R W I L L I G E R B
N A A G X O C B R W D L C L L T R N G D
A E N N O O A M A O E T C E I S E B N L
J H T I L M L O I H N O H W V N E I I I
O S O S D A E C T S H M A K E I N T N W
H D N R S D D E J U A H I C S L M T I O
N R R U P N D G A T L A R O U A I E A R
C A E N A I R D C U M N B R O T L R R H
O U D I R L A E K R O K I M M N E B T T
F G R W K E U L E B O S C A F E E U S A
F M U M Y M D U T L R A A S J M D C E E
E D M Z V B E A D A E R B N R O C K R D
Y V V M O O N P I E S E L G N I J R M Q

ARLEN BITTERBUCK
BONNIE HUNT
BRUTUS HOWELL
CORNBREAD
DAVID MORSE
DEAN STANTON
DEATH ROW
EDUARD DELACROIX
ELECTRIC CHAIR
EXECUTION
GREEN MILE
GUARDS
HARRY TERWILLIGER
HEALING
JAN EDGECOMB
JOHN COFFEY
MAGIC
MELINDA MOORES
MENTAL INSTITUTION
MICHAEL CLARKE DUNCAN
MOON PIE
MOUSEVILLE
MR JINGLES
MURDER
NURSING HOME
OLD SPARKY
PAUL EDGECOMB
PERCY WETMORE
RESTRAINING ROOM
RIDE THE LIGHTNING
SAM ROCKWELL
STRAIT JACKET
TOM HANKS
TOOT
WARDEN HAL MOORES
WILD BILL

Solution on page 167

A Time to Kill

Y L E E G A D N E R E V E R U T R O T Y
S H E T R P Y T L A N E P H T A E D Z E
Y E L K C U B S U F U R E D R U M Y Y T
V A I A C K J S C G W E N H A I L E Y H
G Y A I R C G H I R Y P R I S O N H P E
D N J B B O C E E L E I D D E R F G R L
B O U M C L E R N R L V N R E R L U E T
C T D R A L L I W S I U O L S E M A J W
H B G E R U L F I Y A O I G U N I N U I
A I E C L B E F L E H C T O O N S O D T
N L O N A A N O B C E O A V M O S C I T
G L M A B R R Z A A E U G E Y V I C C Y
E Y A G R D O Z N P L R E R E X S M E S
O R R I I N A I K S L T R N K E S W C S
F A N R G A R E S N R R G O C R I E I H
V Y O B A S K W X I A O E R I Y P H T D
E C O E N C H A A V C O S Y M R P T S I
N O S K C A J L L E U M A S W R I T U I
U B E A E S T L Q K O N O T N A C A J W
E B B J D E N S H O O T I N G H L M R R

BILLY RAY COBB
CANTON
CARL LEE HAILEY
CARLA BRIGANCE
CASE
CHANGE OF VENUE
COURTROOM
DEATH PENALTY
ELLEN ROARK
ETHEL TWITTY
FREDDIE LEE COBB
GOVERNOR
GWEN HAILEY
HARRY REX VONNER
JAKE BRIGANCE
JAMES LOUIS WILLARD
JUDGE OMAR NOOSE
JUSTICE
KEVIN SPACEY
LAWYER
LUCIEN WILBANKS
MATTHEW MCCONAUGHEY
MICKEY MOUSE
MISSISSIPPI
MURDER
NAACP
PREJUDICE
PRISON
REVEREND AGEE
RIOT
RUFUS BUCKLEY
SAMUEL L JACKSON
SANDRA BULLOCK
SHERIFF OZZIE WALLS
SHOOTING
TONYA
TORTURE
TRIAL

Solution on page 167

Double Jeopardy

F J G N I L I A S B U L C T H G I N I P
C S F H K M U R D E R S E A T T L E P O
E C Z S R C R D P A S H L E Y J U D D H
O V S J T R E A K J S F T O M A T O E S
L D N I S L C Q N E W O R L E A N S G Y
U L O U I S I A N A M H E L S I V A R T
O N S U E D F K Y M F U G I T I V E B U
F T R Q B F F H Y I N T E R N E T S Q A
X P A D U L O L B K A H G L V E T F K E
U X P S E U E Q A O Y T T A M C T F N B
H A K O S E L J B G A L L E R Y C U X B
J N C E J R O Y E A Z L C H L T P C K E
N G I O R A R M C O A S T G U A R D J X
S I N S U R A N C E P O L I C Y C N Q G
W E O B E R P L K A S A R G I D R A M I
S G S F G L I B B Y P A R S O N S H H K
S R I A G Q J B U N U N E D R A G F C S
H E R E V E N G E F I N K N Y L E V E P
W E P K B E N K M C M O J Z S M F I T T
T N I F F O C C U S Q G M Z R J U P F J

ANGIE GREEN
ART
ASHLEY JUDD
AUCTION
BEAUTY SHOP
CEMETERY
COAST GUARD
COFFIN
DOUBLE JEOPARDY
ESCAPE
EVELYN
FERRYBOAT
FUGITIVE
GALLERY
GARDEN
HALFWAY HOUSE
HANDCUFFS
INSURANCE POLICY
INTERNET
KNIFE
LIBBY PARSONS
LOUISIANA
MARDI GRAS
MARGARET
MATTY
MURDER
NEW ORLEANS
NICK PARSONS
NIGHTCLUB
PAROLE OFFICER
PRISON
REVENGE
SAILING
SEATTLE
TOMATOES
TOMMY LEE JONES
TRAVIS LEHMAN

Solution on page 167

The Juror

O Q Z I G W R O R U J E S X V I J G C D
B V P F E N O O B V S J E Z F E U J R T
L F B A Y S T N E C N I V J A D A I Z Y
F I P Z S P C K A C K O H I T M A N X T
T R I A L T O S O A C E I Z E L Y P H V
A Z J U R Y D U T Y D R W S R Y L E K K
H V C N N A R R P D K K G E S R T I O U
O S A M P T D V I O Q A V F X E L N B S
E C R F R D I E C A N I Z A A L S F C U
B R B O S I N I W D L A B C E L A B L X
K Q O N L E X L O O A E H S F A P E O K
V M M O N E M L D R I E I T N G H O I N
L K B T M V F A S Z R R U N H T O D Z U
Q U Y G W I O N G Z S M E D N R N E H R
S J U U N C M C M O T H E R H A E E E D
J W U I J O S E P H E R O U P I T A Z K
X Q S L D J W I D C I D L P S F A V T N
J V A T I Z M J H W N I I Z U A P G Y J
R S Q Y R E T E M E C N R V K M S I P Q
G U Z Y M V T I Y P G O V G V C A Q L Y

ALEC BALDWIN
ANNE HECHE
ANNIE LAIRD
ART GALLERY
BOONE
CAR BOMB
CEMETERY
COURTROOM
DEMI MOORE
DOCTOR
DRUNK
EDDIE
HITMAN
JAMES GANDOLFINI
JOSEPH
JULIET
JUROR
JURY DUTY
KIDNAPPING
MAFIA
MEXICO
MOTHER
NOT GUILTY
OBSESSION
OLIVER LAIRD
PARADE
PHONE TAPS
RODNEY
SCULPTOR
SURVEILLANCE
THE TEACHER
THREAT
TRIAL
VIDEO GAMES
VINCENT
WIRED

Solution on page 167

CHAPTER 8: It's Beginning to Look a Lot Like Christmas

Elf

T S J T L H U W A L T E R H O B B S A L
F U A J R E V O L V I N G D O O R N M E
V A M N A L E N A H C S E D Y E O O Z A
T L E M T T J W S L E B M I G S O T J H
P C S I A A S D I O P T L N X R K T D C
G A C L K R S I Y L Q A A E L F N U E I
L T A E P P G W L Q L R S I L I O B C M
B N A S Q A A S O Y K F A E S E R R O O
J A N F D D E P A R T M E N T S T O R E
G S O I O F N E A M K H K R H G H T A D
N O O N C E I P H E T S G T R S P A T W
I R C C T V L G H Y L S H U Y E O V I A
T P C H O A I G D I F F I O A D L E O R
A H A J R E E D N I E R T R P N E L N D
K A R T L U U H C T E K S A H C T E S A
S N N S N B E B N E W Y O R K C I T Y S
E E E F F O C T S E B S D L R O W D E N
C H I L D R E N S B O O K Z D D N V J E
I T T E H G A P S E S N O W B A L L S R
R A G U S Y R U P T A N I I C E M I L Y

NAUGHTY LIST
NEW YORK CITY
NORTH POLE
ORPHAN
PAPA ELF
RACCOON
REINDEER
REVOLVING DOOR
SANTA CLAUS
SANTAS WORKSHOP
SLEIGH
SNOW BALLS
SPAGHETTI
SUGAR
SYRUP
TOYS
WALTER HOBBS
WILL FERRELL
WORLDS BEST COFFEE
ZOOEY DESCHANEL

BUDDY THE ELF
CANDY
CENTRAL PARK RANGERS
CHILDRENS BOOK
CHRISTMAS GRAM
DECORATIONS
DEPARTMENT STORE
DOCTOR
EDWARD ASNER
ELEVATOR BUTTONS
ELVES
EMILY
ETCH A SKETCH
GIMBELS
ICE SKATING
JAMES CAAN
JOVIE
MAIL ROOM
MICHAEL
MILES FINCH

Solution on page 168

Home Alone

S E N K F Q G V C R O W B A R P H M J S
F C S R E H T A E F Z Z B U N Q Y R H M
I N T A E C W Y E G A T U O R E W O P T
T A R A N T U L A Z I W Z B P G V A J C
Z R E T S T S U Z P M C Z K G E L T W M
O F E U H K A I V T M M S E L E T A K I
I I H N K E P C L D A N I E L S T E R N
Y T O C S E W J L L C H H R P L I O R Y
V O U L S F N E G A A U N T L E S L I E
S O S E N L G G T B U C D S D O O D O P
N T E F M O O W M B L S C A I G M J P D
A H P R P O L K A B A N D M K A R A T M
C B A A X D D R E I Y N E T N C R H D F
T R S N O I T A R O C E D S N I S U O C
N U S K P N O P C J U E D I S H V F M K
I S P T M G O D E E L F I R T C P E Y P
A H O A R R T R C S K K J H C S P R K P
P P R L T B H T I R I O H C H C R U H C
Y V T P B A S E M E N T R W R A R J H V
A X S F C H W Z V C C Q Q B H Z Q H V C

AIRPORT
AUNT LESLIE
BASEMENT
BURGLARY
BUZZ
CHEESE PIZZA
CHICAGO
CHRISTMAS TREE
CHURCH CHOIR
COUSINS
CROWBAR
DANIEL STERN
DECORATIONS
FEATHERS
FLOODING
FRANCE
GOLD TOOTH
HARRY
ICE CREAM
IRON
JOE PESCI
KATE
KEVIN MCCALLISTER
MACAULAY CULKIN
MARV
PAINT CANS
PARIS
PASSPORTS
PETER
POLKA BAND
POWER OUTAGE
RIFLE
SANTA CLAUS
SHOVEL
SLED
TARANTULA
THE WET BANDITS
TOOTHBRUSH
TREEHOUSE
UNCLE FRANK

Solution on page 168

National Lampoon's Christmas Vacation

T S O P L E W E N A S A N T A C L A U S
Y K C O R E X T E N S I O N C O R D S H
C H I C A G O L E G N A D Y L R E V E B
S W I M M I N G P O O L W G F U C E D O
A F S Q U I R R E L O D R Q S S R S P J
D R Y T U R K E Y W R A E Y R T E H R A
V A E K C E H C S U N O B H S Y A O E R
O N R W I P I I M D N U H A T G T P S A
C K D D O T R R P G R V M J V T I P E N
O S U N T G O A M J I T M A R G O I N D
U H A A N L R E W E S M R O T S N N T Y
S I W E L E T T E I L U J T A M A G S Q
I R L U N C L A R K G R I S W O L D J U
N L N T I S T H G I L E S U O H V Z C A
E E S K T G C J O H N N Y G A L E C K I
D Y N A H T E B T N U A W T F J H J D D
D K G O N G G E M K I D N A P P I N G S
I C H A I N S A W S I W E L E L C N U Z
E N I R E H T A C W M E T A L P L A T E
I G N I D D E L S E S A H C Y V E H C L

ATTIC
AUDREY
AUNT BETHANY
BEVERLY DANGELO
BONUS CHECK
CATHERINE
CHAIN SAW
CHEVY CHASE
CHICAGO
CLARK GRISWOLD
COUSIN EDDIE
DRUM ROLL
DRY TURKEY
EGGNOG
ELLEN GRISWOLD
EXTENSION CORDS
FRANK SHIRLEY
GIANT CHRISTMAS TREE
GRANDPARENTS
HOUSE LIGHTS
JOHNNY GALECKI
JULIETTE LEWIS
KIDNAPPING
MARGO
METAL PLATE
NEWEL POST
RANDY QUAID
RECREATIONAL VEHICLE
ROCKY
RUBY SUE
RUSTY
SANTA CLAUS
SHOPPING
SLEDDING
SNOT THE DOG
SQUIRREL
STORM SEWER
SWIMMING POOL
TODD
UNCLE LEWIS
USED PRESENTS

Solution on page 168

Miracle on 34th Street

K R I M A G I N A T I O N G R J Q Y Q S
G E O S A N T A C L A U S C S H M O A T
X O Q J E I P M C S N D C E N A C M R O
K J J G Z R P O S T O F F I C E T E E C
M N O N W A O N C R O H J Y I S T K K K
B N H I A E H T I A F R S Z I I C R L I
G R N V Y H W S S A X O I R R O R I A N
K T P I I L W M R T W T H E M O E S W G
D Q A G E A S W S Z N C M M O B A K N S
N N Y S L M Y M A U R E E N O H A R A E
O B N K K R O Y W E N R M I B D Q I S W
L Y E N R O T T A T C I R T S I D N U H
A R D A D F L R H I V D E D R A V G S I
N W L H V F E O A J C S G O N A J L H T
P O Z T T Y M L A I R T K G W U P E T E
A D O O W E I L A T A N U E D S M E M B
R E P A P S W E N N N E W G D N U M D E
A F L Q M A I K M E U V E L L E B A A A
D Q M F R E D G A I L E Y M J O H L S R
E T O S F G M A N H A T T A N O P S Y D

ACTOR
BELLEVUE
CANE
CHRISTMAS
COMMERCIALISM
DEPARTMENT STORE
DISTRICT ATTORNEY
DORIS WALKER
EDMUND GWENN
EVENTS DIRECTOR
FAITH
FORMAL HEARING
FRED GAILEY
JOHN PAYNE
JUDGE
IMAGINATION
KRIS KRINGLE
LAWYER
MACYS
MANHATTAN
MAUREEN OHARA
NATALIE WOOD
NEW YORK
NEWSPAPER
PARADE
POST OFFICE
RETIREMENT HOME
SANTA CLAUS
STOCKINGS
SUSAN WALKER
THANKSGIVING
TOYS
TRIAL
WHITE BEARD

Solution on page 168

Jingle All the Way

U P T E F D T F N X N E J N T Q F W O A
P S Z L B N F P O S T A L W O R K E R S
C I K M W T U R B O M A N C X X X N E A
O N O S L I W A T I R H E H W K O C H N
O B S N I A H C E R I T F R P L M G R T
K A R A T E C L A S S A O I D A R J E A
I D A H O W A R D L A N G S T O N U P C
E A V S T N E S E R P J C T L M G Q U L
S C E G G N O G L T Y H Y M J N V N S A
A T O S E N N I M H W E D A R A P A F U
G I T V B X C O N A R T I S T S C M T S
N O G I F T C E R T I F I C A T E T O E
N N D K J O G Z E E B A R A L N O R Y M
E F O C E V E S A M T S I R H C C A S U
L I Z L A N G S T O N B F O D K R H T T
B G L R E C I F F O E C I L O P E L O S
P U P G J A M E S B E L U S H I H I R O
R R G N I P P O H S W P L C E Y T H E C
T E D M A L T I N S A N T A S L A P H Q
R O B H G I E N X R H T Z A M Z F U D W

ACTION FIGURE
ARNOLD SCHWARZENEGGER
BOMB
CHRISTMAS CAROLS
CHRISTMAS EVE
CON ARTISTS
COOKIES
COSTUME
EGGNOG
ELF
FATHER
GIFT CERTIFICATE
HOWARD LANGSTON
JAMES BELUSHI
JAMIE LANGSTON
KARATE CLASS
LIZ LANGSTON
MALL
MINNESOTA
MYRON LARABEE
NEIGHBOR
PARADE
PHIL HARTMAN
POLICE OFFICER
POSTAL WORKER
PRESENTS
RADIO
RITA WILSON
SANTA CLAUS
SANTAS LAP
SHOPPING
SINBAD
SUPERHERO
TED MALTIN
TIRE CHAINS
TOY STORE
TURBO MAN

Solution on page 168

Scrooged

B B K J O H N F O R S Y T H E X P M I L
M B O C N Y D T C I P A A N T L E R S B
V G E Z W E I O H A I D S T N E S E R P
S S O R C K N A R F L O D I E C C E E E
E G T H E R N S I R L O N N L G D Y C Z
V N E O L U E T S I I F V Y L N R A N G
I I L M E T R E T S H E S E A I A I A S
T W T E V N M R M B P S N L N D W L D T
U T S L A U P D A E E E E O E L Y E D S
C A I E T G A B S E R N K O R I A G L O
E X M S O T R L C T I I C C A U H N O H
X I O S R O T Q A H A H I E K B W A G G
E C U S T H Y Z R E L C D C H C E E D E
W A N H L S M N O D C R S A F B L I I E
Y B E E L I O T L O U D E R M I L K L R
G R W L C T U X E G M C L G N K U N O H
S O Y T S H S L I V E B R O A D C A S T
T W O E G S E V I N K K A E T S Z R S P
Y A R R U M L L I B A T H T U B U F P X
D P K S G N I M M U C E C I R B O N U S

ANTLERS
BATHTUB
BILL MURRAY
BONUS
BRICE CUMMINGS
BROTHERS
CHINESE FOOD
CLAIRE PHILLIPS
CHARLES DICKENS
CHRISTMAS CAROL
COSTUMES
DINNER
ELEVATOR
ELIOT LOUDER-MILK
EXECUTIVE
FRANK CROSS
FRANKIE ANGEL
FRISBEE THE DOG
GRACE COOLEY
HOMELESS SHELTER
IBC BUILDING
JOHN FORSYTHE
KAREN ALLEN
LEW HAYWARD
LIVE BROADCAST
MISTLETOE
MOUSE
NEW YORK
PARTY
PRESENTS
PRESTON RHINELANDER
SHOTGUN
SOLID GOLD DANCERS
STEAK KNIVES
TAXI CAB
TOASTER
TOWEL
TURKEY
THREE GHOSTS
WINGS

Solution on page 168

It's a Wonderful Life

T N Y E H H M A R G E L E T Z K J M Q N
N A I R A R B I L D D T F C W U I A A O
C A S H R E G I S T E R S H R N T B B S
H L O Q L A J C D L T A E R O C T A R I
E E O L H L H V O T M R V I N L E I I O
E L S O D J A I E W O A T S O E R L D P
O V C K P N V S A T W A T T H B B E G J
E M K K D G A I S W V H R M F I U Y E A
B O A R D I N G H O U S E A O L G R O M
O N K R Z W U I N P S E B S L L S E R E
R E V I R R I E M I R T B T A Y H T G S
B Y Y I D I R N X M D A H R D N K T E S
A N G E L E A F G B I L Y E E N C O B T
R H Q S S L M G A S H W I E M I I P A E
T A Z U Z U S P E T A L S U R O N Y I W
E J O S L L A F D R O F D E B S O R L A
N H P L N P M O B A N K E X A M I N E R
D I N I T R A M R M A R Y B A I L E Y T
E C N E R A L C D E E R A N N O D H V X
R E W O G R M S U I T C A S E I N N A D

ANGEL
ANNIE
BANK EXAMINER
BARTENDER
BEDFORD FALLS
BELLS
BERT
BOARDING HOUSE
BRIDGE
BUILDING AND LOAN
CASH REGISTER
CLARENCE
CHRISTMAS TREE
DONNA REED
DRUGSTORE
ERNIE
GEORGE BAILEY
HARRY
HENRY POTTER
HOUSE RENOVATION
JAMES STEWART
JITTERBUG
LASSOS THE MOON
LIBRARIAN
MA BAILEY
MARRIAGE
MARY BAILEY
MEDAL OF HONOR
MONEY
MR GOWER
MR MARTINI
NICK
POISON
PRAYERS
RIVER
ROBE
SAM WAINWRIGHT
SUITCASE
SWIMMING POOL
TELEGRAM
UNCLE BILLY
VIOLET
WINGS
ZUZUS PETALS

Solution on page 169

Christmas with the Kranks

D L I S R O Y H E G A T U O R E W O P T
E U G K J S M O K E D T R O U T D W R N
C T E I K S I R B A Z R E H T A F U O E
O H E P C H E E C H M A R I N L E L C M
R E R P U Y R A L G R U B C L O N Z E E
A R T I B L A I R K R A N K L C R J C G
T K D N S A J C H I C A G O A O I W A A
I R E G C T A D Q I H G X R M H Q A E G
O A W C O N M T Z R C D I Y G C U L P N
N N O H U A I A H E Q B N H N E E T S E
S K R R T S E N S Y B F I O I T D S T C
O N R I S A L N B E E R K N P I A C I N
C A O S N L E I A M V E I E P H N H M A
A R B T P L E N S H S E B Y O W A E A L
T K U M G E C G E O C F P H H U Y E L U
H A H A N R U B M R H R D A S T K L L B
S R M S U B R E E F E O O M R V R G E M
I O W I Q M T D N C E S H X O T O B N A
F N S M F U I X T I L T M A R T Y Y C E
L E K I P S S E Z V U Y Z M A F D R B K

AMBULANCE
BASEMENT
BEV SCHEEL
BIKINI
BLAIR KRANK
BORROWED TREE
BOTOX
BURGLARY
CARIBBEAN CRUISE
CHEECH MARIN
CHICAGO
CHRISTMAS EVE PARTY
CUB SCOUTS
DAN AYKROYD
DECORATIONS
ENGAGEMENT
ENRIQUE
FATHER ZABRISKIE
FISH TACOS
FREE FROSTY
HICKORY HONEY HAM
JAMIE LEE CURTIS
LUTHER KRANK
MARTY
NORA KRANK
PEACE CORP
POWER OUTAGE
SHOPPING MALL
SKIPPING CHRISTMAS
SMOKED TROUT
SPIKE
TANNING BED
TIM ALLEN
UMBRELLA SANTA
VIC FROHMEYER
WALT SCHEEL
WHITE CHOCOLATE

Solution on page 169

How the Grinch Stole Christmas

S K S A M T S I R H C G N I L A E T S H
E C N R W C E M U T S O C A T N A S U V
O X O M R M O U N T C R U M P I T G B E
I C W G A W Y A H A L G O D L I H C Z Q
C R F C P S F G L N U F H T P P V E E D
I T L B P N I C N S H O P P I N G L R Y
P S A I I L O J T W P P P A N M Z E O U
C N K F N N T U Y E R R A C M I J B C J
S L E I G H S E E R T S A M T S I R H C
Y X F O P M A X B I V N V A S T I A I A
R E N G A G E M E N T R I N G L Q T L V
B H P Y P Q F V T G A R B A G E O I L E
F S W V E K M S T M D G Q C F T C O I I
W H O B R I S H Y A D U A D F O E N B V
O H W U O L U O L C Y X F S S E U S R D
O R R O R E I V O H W Y A M A H T R A M
R U I O W O V I U I M F P R E S E N T S
J J Y I K Z Y Q W N A R R A T O R J O I
A A W G R I N C H E B J D K R P O P R Q
M B C I N D Y L O U W H O V I L L E Z W

ANSWERING MACHINE
AUGUSTUS MAYWHO
BETTY LOU WHO
CAVE
CELEBRATION
CHILD
CHRISTMAS TREE
CINDY LOU WHO
CONGO
DOG
DR SUESS
ENGAGEMENT RING
FEAST
FUDGE
GARBAGE
GRINCH
JIM CARREY
LIGHTS
LOU LOU WHO
MARTHA MAY WHOVIER
MASK
MAX
MAYOR
MISTLETOE
MOUNT CRUMPIT
NARRATOR
PRESENTS
SANTA COSTUME
SHOPPING
SLEIGH
SNOWFLAKE
STEALING CHRISTMAS
SUBZERO CHILLIBRATOR
WHOBRIS
WHOVILLE
WRAPPING PAPER

Solution on page 169

A Christmas Story

H R P T E E T A R C N E D O O W G Q P C
L A M A J O R A W A R D A Y D R E A M N
I L A V S M E A T L O A F R A G I L E T
T P L H F E R R D A N A I D N I Z X Q H
T H G K S C S S E G L F L A T T I R E G
L I E Z C H M S P D O V A L T I N E M I
E E L A E I O L A A R D H X O B E S U F
O E S K P N L O R L R I E Y G G I P T X
R R F D S E T F T A G K D L V F N S S S
P T Y U L S Q H M Y N N E E P V E I O U
H S E C R E T D E C O D E R R I N G C A
A A K K E F I D N M X U Y K L B R O Y L
N M R R U O X H T Z E F R L O A B T N C
A T U O L O R L S S T P U E T R W G N A
N S T E G D U F T S E B A X Y D B M U T
N I L I F E B U O Y S O A P F E J K B N
I R B R O T H E R S D I K W E W O N S A
E H X A T K T H E O L D M A N R Z U R S
F C S C U T F A R K U S S C H W A R T Z
X R S Y O T R E K N I T E L C Y C E C I

BROKEN GLASSES
BROTHERS
BULLIES
BUNNY COSTUME
CHINESE FOOD
CHRISTMAS TREE
DAYDREAM
DEPARTMENT STORE
DUCK
FIGHT
FLAT TIRE
FLICK
FRAGILE
FUDGE
FUSE BOX
ICE CYCLE
INDIANA
LEG LAMP
LIFE BUOY SOAP
LITTLE ORPHAN ANNIE
MAJOR AWARD
MEATLOAF
MISS SHIELDS
MRS PARKER
OUT OF GLUE
OVALTINE
PIGGY
RALPHIE
RANDY
RED RIDER BB GUN
SANTA CLAUS
SCHWARTZ
SCUT FARKUS
SECRET DECODER RING
SHOOT YOUR EYE OUT
SNOW
THE OLD MAN
THEME PAPER
TINKER TOYS
TRIPLE DOG DARE
TURKEY
WOODEN CRATE

Solution on page 169

CHAPTER 9: **Love in Manhattan**

Breakfast at Tiffany's

F C L T T C E K R E R J J A D W C L X F
C I H H K L C O P S Y N A F F I T C G C
X C R A C K E R J A C K S R M P E N Q B
O S I E M G E O R G E P E P P A R D T Q
B E O G E P F P V B E D N M R U O W V U
E S R T A S A D T A C Y T A B L T E S Q
N S W O G R C G P E Y L I P A V S R P A
O A K R T Z E A N B B T E J C A E O D T
H L C Y I S R T P E P H G N I R M T E U
P G Y G L T R T T E Y G M R X J I S N T
E N O C M A E R C E C I T Z A A D Y E K
L U Y E L L A R R R H L V J T K R R W N
E S N P E A L D O C G O L I G H T L Y I
T T A G A I U B H F O G L G Y C N E O T
N R R K B A N E S B E Y D D U B O W R T
K A I R O O D G N I V L O V E R U E K I
M C A S S E R D K C A L B Q G R A J L N
V R E A R P L U G S H O P L I F T I N G
Y W W H B A N A T T A H N A M X I M N J
S M W R C C W K Y R H Y I P F Q T T K X

ALLEY
APARTMENT
AUDREY HEPBURN
BLACK DRESS
BUDDY EBSEN
CAT
CENTRAL PARK
CHAMPAGNE
CHECK
CIGARETTE HOLDER
CRACKER JACKS
DIME STORE
DOC GOLIGHTLY
EAR PLUGS
FIRE ESCAPE
FRED
GEORGE PEPPARD
HOLLY GOLIGHTLY
ICE CREAM CONE
JEWELRY STORE
KNITTING
LIBRARY
MANHATTAN
NEW YORK
PARTY
PAUL VARJAK
RAIN
REVOLVING DOOR
RING
SHOPLIFTING
SUNGLASSES
TAXI CAB
TELEGRAM
TELEPHONE BOX
TIARA
TIFFANYS
WRITER

Solution on page 170

When Harry Met Sally . . .

E R O L O D E X Z M U E S U M R N D W U
C U E B I L L Y C R Y S T A L B O A O H
R A I R P O R T H E L E N Q E O G P A Z
O B R U N O K I R B Y H W D C O A A L Z
V Z C R N M A R I E A Y I X N K C R I D
I N A Y I J E S S T G S J W A S I T C S
D P S S G E L C T S K A H O N T H M E X
M N A U H S F A M R G E C I E O C E N Q
G A B O T A N I A A E N S G T R F N T J
L Y L L G L F D S L H Q I V N E O T R H
F R A A O L J H T H L O E T I I Y Q A A
R G N E W Y E A R S E V E P A R T Y L R
I E C J N A B R E T I R W R M D I T P R
E M A G L L A B E S A B N I H I S C A Y
N Q K L E B Z Z W E D D I N G D R L R B
D Y M K A R A O K E M A C H I N E X K U
S P I C T I O N A R Y H I N H E V C N R
H M V G F G Y T R E T A E Y K C I P U N
I E V Z K H Q D F M K R O Y W E N S U S
P M J T E T S I L A N R U O J S U P R R

AIRPORT
ALICE
APARTMENT
BASEBALL GAME
BATTING CAGE
BILLY CRYSTAL
BOOK STORE
BRUNO KIRBY
CARRIE FISHER
CASABLANCA
CENTRAL PARK
CHRISTMAS TREE
DARK SIDE
DATING
DINER
DIVORCE
FRIENDSHIP
HARRY BURNS
HELEN
HIGH MAINTENANCE
JEALOUSY
JESS
JOE
JOURNALIST
KARAOKE MACHINE
MANHATTAN
MARIE
MEG RYAN
MUSEUM
NEW YEARS EVE PARTY
NEW YORK
NIGHTGOWN
PICKY EATER
PICTIONARY
ROLODEX
SALLY ALBRIGHT
UNIVERSITY OF CHICAGO
WAGON WHEEL TABLE
WEDDING
WRITER

Solution on page 170

Annie Hall

G G N T L O B S T E R M E C R O V I D A
W G E A B A N S R B R O O K L Y N N U G
R Q L L R Y S O M L F V B W J C A A H E
E N L K E R T R E G N I S Y V L A T O U
T V A S A S A R A L L E L S S W H T A X
S N Y H K Z O T A E I T Q I P E N A U A
A W D O U S I A I P H H Y N I I R H T P
E N O W P R M Y B O S E D N D V E N O N
L B O L L A H E I N N A R E E R T A G I
B V W T T C K D R O U T M T R E S M R F
I J U C A R A C C I D E N T N T A A A R
T S I R O E H T Y C A R I P S N O C P E
R F Z Y Q P K B J S E Z N N G I C L H P
E T W V I M Y E C A L Y N O T B R G R O
V E Q U O U C A N N Z A B U U O E H N R
N U H C J B P C R A H S I W E J L C C T
O Q S E Y A D H T R I B A I R P L A N E
C N M V V G L Q N A I D E M O C O W F R
V A N O S I L L A B T E U Q C A R A H Y
O B H L W V O T I K P C E Y M B C X J S

AIRPLANE
ALLISON
ALVY SINGER
ANNIE HALL
AUTOGRAPH
BANQUET
BAR
BEACH
BIRTHDAY
BOOK STORE
BREAK UP
BROOKLYN
BUMPER CARS
CAFÉ
CAR ACCIDENT
CHRISTMAS PARTY
COMEDIAN
CONEY ISLAND
CONSPIRACY THEORIST
CONVERTIBLE
DIANE KEATON
DIVORCE
EASTER
JEWISH
JOB INTERVIEW
LOBSTER
LOVE
MANHATTAN
MOVIE THEATER
NARRATION
NEW YORK
RACQUETBALL
REHEARSAL
REPORTER
ROB
ROLLER COASTER
SPIDER
TALK SHOW
TENNIS
TONY LACEY
WOODY ALLEN

Solution on page 170

Hitch

Q A J Z R O T I D E P V W E D D I N G P
Y B T N A T N U O C C A S E Y N K H I J
H R E P O R T E R X L S T U N H G U O D
J T B L N S M P F K G N I X A W Y D O B
E O S A G O S S I P C O L U M N I S T G
T L E Y S V Z E Y G R E L L A D O O F M
S E M E A I T I L M Z E Z Z N Y C N C A
K G A R L A C A D E A P C Z N S V R O R
I N J R L L M P D A C N G Q E N E I F T
S A N K E N I N R D C N H F R I N V F I
A L I W G P E S A I I F A A B H P E E N
L E V L R M A T I T N S O D T C W R E I
E H E R A G E P A S H C N R R T L G R G
M C K V C D M D S I L K I Y E I A F O H
A I E J O R D D O W Q A H P B H A N T T
R M Q C L E T N G N E N N I L X C N S C
A F T S E S S A L G G N I D A E R T G L
S O C P G H F I R S T K I S S L S Z U U
R Z S T O C K B R O K E R Q M A X K R B
R N C W I L L S M I T H E I R E S S D H

ACCOUNTANT
ALBERT BRENNAMAN
ALEX HITCHINS
ALLEGRA COLE
BASIC PRINCIPLES
BODY WAXING
BUTCHER OF CADIZ
CASEY
COFFEE
DANCE LESSON
DATE DOCTOR
DOUGHNUTS
DRUG STORE
EDITOR
ELLIS ISLAND
EVA MENDEZ
FASHION SHOW
FIRST KISS
FOOD ALLERGY
GOSSIP COLUMNIST
HEIRESS
HITCH
HUDSON RIVER
JET SKIS
KEVIN JAMES
MANHATTAN
MARTINI
MAX
MICHELANGELO
NEWSPAPER
NIGHT CLUB
PLAYER
READING GLASSES
REPORTER
SARA MELAS
SPEED DATING
STOCKBROKER
WALKIE TALKIE
WEDDING
WILL SMITH

Solution on page 170

One Fine Day

D E A D L I N E G D P T A X I C A B S S
F M R X K N V S E N O H P L L E C M U E
J A C K T A Y L O R B W P B Q H I M Y L
S G H R F S R E T N E C E R A C Y A D B
U R I S M D I W N D M S Q R H E R N A R
P E T E R P A N C O M P L E X K E H L A
B C E R O Y K Y G B O E L F J R T A L M
T C C E T L M A A L S L V R M A R T E E
A O T P S R E D E D E F C R A P A T R T
O S H O N G L O U P K P H E G L C A B I
C A F R I R A R F I R R A R G A T N M C
N O I T A T N E S E R P I R I R I A U T
I L O E R I I H I T B B J S E T O M D A
A K A R N F E R R Y B O A T T N N E F C
R O D G F T P E C R O V I D A E T W G S
M C R E K R A P Y M M A S P Y C N S N T
A Y R G U W R U X P I R T D L E I F B C
N E W Y O R K S H S I F D L O G N T O C
N M A E R C E C I Z O F O D R A Z I W Q
Y P R T S I R T A I H C Y S P B X F F G

ARCHITECT
CELL PHONES
CENTRAL PARK
CHARLES DURNING
DAY CARE CENTER
DEADLINE
DIVORCE
FERRYBOAT
FIELD TRIP
GEORGE CLOONEY
GOLD FISH
ICE CREAM
JACK TAYLOR
KRISTEN
LEW
MAGGIE TAYLOR
MANHATTAN
MANNY
MARBLES
MELANIE PARKER
MICHELLE PFEIFFER
NEW YORK
PETER PAN COMPLEX
PRESENTATION
PSYCHIATRIST
RAIN COAT
RAIN STORM
REPORTER
RETRACTION
SAMMY PARKER
SINGLE PARENTS
SOCCER GAME
SUPER HERO DAY
TAXI CABS
TIC TACS
UMBRELLA
WIZARD OF OZ

Solution on page 170

Serendipity

L V Z C E N T R A L P A R K F R Z F M O
V L A R S H A M M O N D E E C N A I F B
F I V E D O L L A R B I L L F R A C S I
S A P D I P B L O O M I N G D A L E S T
J G N I P P O H S S A M T S I R H C M U
M O K T S N E V I P Y M E R E J N R O A
L L A C E R O T S E G A W E N E V E K R
T F T A V P T N E M E G A G N E V A E Y
M B E R O T S T N E M T R A P E D M D P
U A B D L Y T I P I D N E R E S C E E O
S L E R G D Q T S A M O H T A R A S T C
I L C E E E D C O O L H A N D L U K E N
C S K C R A B S S A N F R A N C I S C O
V Y I E E N K C A Z U C N H O J K T T B
I N N I M K M I C E S K A T I N G P O R
D I S P H A M O L L Y S H A N N O N R A
E T A T S N T T E B R O C N H O J E Q C
O S L K A S E S R U P F F O K C O N K Y
J E E V C K O O B D E S U J Y E L L A H
W D Z Y P Y S W A L Y C A V I R P L A K

BLOOMINGDALES
CARBON COPY
CASHMERE GLOVES
CENTRAL PARK
CHRISTMAS SHOPPING
COOL HAND LUKE
CREDIT CARD RECEIPT
DEAN KANSKY
DEPARTMENT STORE
DESTINY
ENGAGEMENT
EVE
FATE
FIANCEE
FIVE DOLLAR BILL
GOLF BALLS
HALLEY
ICE CREAM
ICE SKATING
JEREMY PIVEN
JOHN CORBETT
JOHN CUZACK
JONATHAN TRAGER
KATE BECKINSALE
KNOCKOFF PURSES
LARS HAMMOND
MOLLY SHANNON
MUSIC VIDEO
NEW AGE STORE
OBITUARY
PRIVACY LAWS
SAN FRANCISCO
SARA THOMAS
SCARF
SERENDIPITY
SMOKE DETECTOR
USED BOOK

Solution on page 170

Two Weeks Notice

M A T T R E S S R E V R A C E N U J D O
M A J C I F F A R T N K H V W Y B C S U
W Z N K N T S O E D A W D R A W O H H S
T N A R G H G U H B I X N W V N A R E B
G L E A E C C E L L P H O N E R Y Y A K
D M K M O A O V E Q K G B Y V W H S S N
P U A D R Y M I T H C J I A L Y E L T P
Z S C N G K M E O P O S R E L B R E A E
D R U A E R U T H B L D S T A Y I R D G
R O F L W X N E I A L N H L B E A B I F
P D O F A I I N N A U E L R G N N U U L
T N T F D M T D W O B G E E N R O I M G
T E E R E E Y S C H A A G T I O I L A G
U V N O R S C F N M R S A P K T L D N W
Q T N V U H E H E Y D S L O C T L I H E
W E I B O I N N E A N A A C E A I N A D
C E S O H E T Y I S A M I I R R B G T D
W R L C S P E E C H S K D L W A C D T I
D T O N Y R R A L U C Y K E L S O N A N
T S K O O R B L Y R E M S H O P P I N G

LEGAL AID
LUCY KELSON
MANHATTAN
MASSAGE
MATTRESS
MERYL BROOKS
POEM
RUTH
SANDRA BULLOCK
SHEA STADIUM
SHOPPING
SPEECH
STREET VENDOR
TENNIS
TOFU CAKE
TONY
TRAFFIC JAM
WEDDING
WRECKING BALL
YACHT

ATTORNEY
BASEBALL GAME
BILLIONAIRE
CELL PHONE
CHESS
CHIEF COUNSEL
CHINESE FOOD
CHRYSLER BUILDING
COMMUNITY CENTER
CONEY ISLAND
GEORGE WADE
HARVARD LAW SCHOOL
HELICOPTER
HOTEL
HOWARD WADE
HUGH GRANT
JOB INTERVIEW
JUNE CARVER
LANDMARK
LARRY

Solution on page 171

You've Got Mail

Z E W I E M C B C D O C O M P U T E R F
N P G U B R O O K L Y N B R I D G E W R
M Y Y R C U B A F Z S Y C G S W N I B A
N E W Y O R K Q Z F W V Y M K R N H G N
Z Y L F R E T T U B E M N G O D N K N K
V T I L R O G D A B N E Y C O L E M A N
Y I N T E R N E T A L E E W B O A T T A
L U C T D B A Y S S F H D F S F H V T V
A R O O R U A I O O T I R N N L C T A A
P X M M O V U N X D S E A O E I H N H S
T N P H S M F B N P N Y E E R A R A N K
O U E A E O O U L A R N N F D M I R A Y
P A T N X O O A X G L K N G L E S U M A
U U I K K R Y N E D E A I C I R T A P W
D H T S A T D M E L H S K D H P M T A B
O M I P N A I L L I G O G K C X A S U U
O D O S I H J Y P A R K E R P O S E Y S
T H N T B C A N I T S I R H C A I R L R
S T A R B U C K S E Q R G S E I S I A D
U A P K W E H T T A M X X O F E O J Z A

ANNABELLE
BOAT
BROOKLYN BRIDGE
BUTTERFLY
CHAT ROOM
CHILDRENS BOOKS
CHRISTINA
CHRISTMAS
COFFEE
COMPETITION
COMPUTER
DABNEY COLEMAN
DAISIES
DOG
EMAIL
FOX BOOKS
FRANK NAVASKY
GEORGE
GILLIAN
GREG KINNEAR
GYMNASIUM
INTERNET
JOE FOX
KATHLEEN KELLY
LAPTOP
MANHATTAN
MATTHEW
MEG RYAN
NELSON FOX
NEW YORK
NEWS
PARKER POSEY
PATRICIA EDEN
RED ROSE
RESTAURANT
SHOP AROUND THE CORNER
STARBUCKS
STOOD UP
SUBWAY
TOM HANKS
WINDOW DISPLAY

Solution on page 171

As Good as It Gets

N R C A S I M O N B I S H O P N Y U W S
B E V E R L Y B T N U H N E L E H L H S
Z C W R C T S S E N D N I K P L D L Q E
E N H Y J S I E T U H C E G A B R A G R
O E G M O G A S T H M A L Y I I S D X T
C P D F B R N S T T Q Z E R N T S U X I
W S G R E G K I N N E A R E T R E N N A
R M L A T N R V D I B B H B E E R I O W
I A Q N T I A E P O L D R B R V D V S U
T N X K E T G C A R O L C O N N E L L Y
E H N S R L I O G T E G N R T O S E O K
R A H A M U A M V N E J A E C C U M H C
O T H C A S P P E R I S U B S W O C C A
A T U H N N A U R O U K T D U S H D I T
D A M S K I R L D Z B D L W I C N W N T
T N A R U A T S E R D X E A O C U Y K A
R N N T N E M I L P M O C N W M E X C S
I W I Z D G E V L N O O D L E S A L A D
P W T D V G N E I G H B O R S S B N J Q
F J Y Q M E T A P H O R S R A C S U B M

APARTMENT
ARTIST
ASTHMA
ATTACK
BETTER MAN
BEVERLY
CAROL CONNELLY
COMPLIMENT
CONVERTIBLE
CUBA
GOODING JR
DOCTOR BETTES
FRANK SACHS
GARBAGE CHUTE
GREATEST
WOMAN
GREG KINNEAR
HELEN HUNT
HOUSE DRESS
HUMANITY
ILLNESS
INSULTING
JACK NICHOLSON
KINDNESS
MANHATTAN
MELVIN UDALL
METAPHORS
NEIGHBORS
NEW YORK
NOODLE SALAD
OBSESSIVE
COMPULSIVE
PAINTER
PREJUDICE
RESTAURANT
ROAD TRIP
ROBBERY
RUDENESS
SCARS
SIMON BISHOP
SPENCER
VERDELL
WAITRESS
WALKING CANE
WRITER

Solution on page 171

How to Lose a Guy in 10 Days

C O L U M N I S T A O B Y R R E F M Y A
O T H A Y E R A L Y G N I L C R Y B Z B
U V P I L I H P L A I D S H I R T S N E
P A D V E R T I S I N G L O V E F E R N
L I N I T R A M R K R A C K O F L A M B
E H S E R U T C I P P O H S O T O H P E
S P C Y T V F L E S R U O Y T S O R F R
C O M P O S U R E M A G A Z I N E E B R
O S H W J N O S R E P L A T N E M W G Y
U S Y D U J E H T D P O K E R N I G H T
N S T A T E N I S L A N D I A M O N D S
S E K O A R A K L R I G O T W O H B I E
E C Y E H G U A N O C C M W E H T T A M
L N N W H F B J O U R N A L I S M Z T I
I I O R E T A E H T E I V O M G Y P I C
N R T R E C N O C N O I D E N I L E C H
G P Q K A T E H U D S O N E W Y O R K E
N O S R E D N A E I D N A G T J C X E L
R A M O T O R C Y C L E I N N A E J T L
B A C I X A T S I P A R E H T T H O S E

ADVERTISING
ANDIE ANDERSON
BASKETBALL PLAYOFFS
BEN BERRY
CELINE DION CONCERT
CLINGY
COLUMNIST
COMPOSURE MAGAZINE
COUPLES COUNSELING
DIAMONDS
FERRYBOAT
FROST YOURSELF
HOW TO GIRL
JEANNIE
JOURNALISM
KARAOKE
KATE HUDSON
LANA
LOVE FERN
MATTHEW MCCONAUGHEY
MENTAL PERSON
MICHELLE
MOTORCYCLE
MOVIE THEATER
NEW YORK
PHILIP
PHOTOSHOP PICTURES
PLAID SHIRTS
POKER NIGHT
PRINCESS SOPHIA
RACK OF LAMB
STATEN ISLAND
TAXI CAB
THAYER
THE JUDYS
THERAPIST
TICKETS
TONY

Solution on page 171

CHAPTER 10: **Sports Fans**

A League of Their Own

S T U O Y R T N E M P I U Q E L Y L M R
P L A Y O F F S R A B Y E V R A H B H E
E I M Y W A L T E R H A R V E Y P H C H
A N T Y E L S K R L O O H C S M R A H C
M E U T V R R H N T S N S D G B U L W T
Y U O E E J C E I I E E O A Z D M L A I
A P G N L H A S E R H L R P J T S O R P
W L U I Y G G O C C L R E O X O I F D N
E E D E N N D A A A Y E N G H M R F E A
H G H T A O A E P M T L Y S R H O A P G
T N E S N S P Y A S O C W B E A D M A U
L A L N N N T R D V Y J H T A N M E R D
L L E E O I S D I R T T H E S K I R T Y
A L N W D H Y T N M D H T I R S E M M M
L E H O A E Z A O K I T K E L L E R E M
Q W A L M I M A E M O R D A B I T O N I
F L L A X T H C O O H A L R A M P E T J
E I E R Y T T E P I R O L L A B E S A B
A T Y I W O R L D S E R I E S D L L T S
Q S I V A D A N E E G N I Y R C O N Q S

ALL THE WAY MAE
BASEBALL
BETTY SPAGHETTI
CATCHER
CHARM SCHOOL
DIRT THE SKIRT
DORIS MURPHY
DOTTIE HINSON
DUGOUT
EQUIPMENT
ERNIE CAPADINO
EVELYN
GARRY MARSHALL
GEENA DAVIS
HALL OF FAME
HARVEY BARS
HELEN HALEY
IRA LOWENSTEIN
JIMMY DUGAN
JON LOVITZ
KIT KELLER
LINE UP
LORI PETTY
MADONNA
MAE MORDABITO
MARLA HOOCH
NO CRYING
PEACHES
PITCHER
PLAYOFFS
ROSIE ODONNELL
SHIRLEY BAKER
STILWELL ANGEL
TELEGRAM
TOM HANKS
TRYOUTS
WALTER HARVEY
WAR DEPARTMENT
WORLD SERIES

Solution on page 172

Rocky

F I S T F I G H T H A N K S G I V I N G
I W M Z E V L N R O C K Y B A L B O A Q
V J I T R T R O N I N N E P N A I R D A
M K C F I C E I C E R I N K M P U T S G
O B K H H F X L C H R I S T M A S O Z X
O O E V S R O L E Y E G L A S S E S S N
R X Y R A R B A X V P O H S T E P H E O
R I G M I G H T Y M I C K S G Y M X V I
E N O L L A T S R E T S E V L Y S X S T
K G L L A R E N A H G N I T A K S E C I
C M D T T V T A G G G N U O Y T R U B T
O A M P A U L I E P E N N I N O S M X E
L T I U R G E L C H A M P I O N S H I P
J C L T A W E A P O L L O C R E E D P M
I H L Z Y R O T C A F T A E M A G W U O
L E Z V J P A I H P L E D A L I H P S C
L O A N S H A R K C I L O H T A C Y H U
D E B T C O L L E C T O R O R R I M U V
H G N I N I A R T G O D R E D N U V P X
O L Y E P M B D D J O G G I N G W I S Q

ADRIAN PENNINO
APOLLO CREED
ARENA
BOXER
BOXING MATCH
BURT YOUNG
CATHOLIC
CHAMPIONSHIP
CHRISTMAS
COMPETITION
DEBT COLLECTOR
EGGS
EYEGLASSES
FIST FIGHT
GAZZO
HEAVY WEIGHT CHAMPION
ICE RINK
ICE SKATING
ITALIAN STALLION
JOGGING
LOAN SHARK
LOCKER ROOM
MEAT FACTORY
MICKEY GOLDMILL
MIGHTY MICKS GYM
MIRROR
PAULIE PENNINO
PET SHOP
PHILADELPHIA
PUSHUPS
ROCKY BALBOA
SYLVESTER STALLONE
TALIA SHIRE
TELEVISION NEWS
THANKSGIVING
TRAINING
TURTLE
UNDERDOG

Solution on page 172

Jerry Maguire

R G X J M H F R O D T I D W E L L F H C
D E R I P S N I V I P P A S S N C Z I P
T N E G A S T R O P S L A N I D R A C O
N D E M E T E L P M O C U O Y Y O R S I
E O N X A R E G E W L L E Z E E N E R Q
I R A L Z M E N G A G E M E N T R I N G
L S I E B D B R J G N I D O O G A B U C
C E C S U E Q A E R I U G A M Y R R E J
B M I S S I O N S T A T E M E N T J F R
O E N A I N Y G I S N W O D H C U O T H
B N H L N F O O T B A L L V T Q J W N O
S T C C E F S L L E W D I T E E C R A M
U S E T S I H O T E L R O O M Q L E T Y
G Q T S S R P D Y O B Y A R W I D P N A
A U D R E Y H E P B U R N M O V I E U J
R Z L I T O V G O L D F I S H F G Z O F
Y I I F H F G T O M C R U I S E K G C C
P O H S I B Y R E V A L E R U A L W C Q
B V C X C D O R O T H Y B O Y D Z Z A J
N A M H S U C D K E L L Y P R E S T O N

ACCOUNTANT
AMBASSADOR OF KWAN
AUDREY HEPBURN MOVIE
AVERY BISHOP
BOB SUGAR
BUSINESS ETHICS
CARDINALS
CLIENT
CHILD TECHNICIAN
CUBA GOODING JR
CUSHMAN
DOROTHY BOYD
ENDORSEMENTS
ENGAGEMENT RING
FIRST CLASS
FOOTBALL
GOLD FISH
HOTEL ROOM
INSPIRED
JAY MOHR
JAZZ
JERRY MAGUIRE
KELLY PRESTON
LAUREL
MARCEE TIDWELL
MISSION STATEMENT
RAY BOYD
RENEE ZELLWEGER
ROD TIDWELL
SHOW ME THE MONEY
SPORTS AGENT
TOM CRUISE
TOUCHDOWN
VIP PASS
YOU COMPLETE ME
ZIP

Solution on page 172

Rudy

N Y P U A N O T T U D S S E L R A H C B
L P H J W K O D M S F P M W E E R G E D
B L M V B P L V C J I Z C G N D A U L Y
R E S I N N E D G H G L I W E Y I A Y K
Z P G T W U Q F S C H T S C D T R N K D
U N Y E U G L R D N T M A S B I O A N J
J P Z F L O A A X E I Q T P E S W V N O
U V D S N L Y K U B N N F Q A R R A N O
C X D B O D O R M N G O P E T E D C P Z
L Q U H I H L C T T I I S G T V E R M D
I W C J T E M A D E R T O N Y I L E J J
O S R O I L Y T T Q I A S C A N Z H Q W
S T Q N B M F H U Q S C V A V U K T K V
Y A A F M E D O V N H U G I N D I A N A
L D H A A T P L O S N D E N Q A R F U M
P I U V Y Q C I Y T R E T S E M E S Z N
J U B R Z O M C B O B D L E I F H S M U
I M J E N U T R O F M A E R D G S W V R
S H C A O C J P R N U S L X U X L R L K
W K T U A S P U I E A X M L X O S B K L

AMBITION
BENCH
CATHOLIC
CHARLES S DUTTON
COACH
COLLEGE
D BOB
DANIEL RUETTIGER
DEGREE
DENNIS
DREAM
DRESS LIST
EDUCATION
FATHER CAVANAUGH
FIELD
FIGHTING IRISH
FOOTBALL
FORTUNE
GOLD HELMET
INDIANA
JON FAVREAU
NED BEATTY
NOTRE DAME
PETE
RUDY
SCHOLARSHIPS
SEAN ASTIN
SEASON
SEMESTER
STADIUM
TRY OUTS
TUNNEL
UNIVERSITY

Solution on page 172

Raging Bull

P C G O C N B O N W U Z B M O R M U F G
K M K U L A O O R A B U S I V E A B A H
J H D O X T H N X Q J E J W T D Q G M Y
E S L C I F Y D W I A J O E P E S C I R
K U Y M B R O K E N N O S E Y M T G L C
C O T E L E P H O N E G G V O P T D Y V
C O R X B L J O E Y L A M O T T A E W S
B V A O R I N E D T R E B O R I B J P O
W S I C J A K E L A M O T T A O Y E Y K
H W R B H H E K G T B S V S K N V Y C D
O I O R E T H G I F E Z I R P T L H R K
U M M R X E N I O R W T O F O Q A D Q K
K M Y O W I G M R Y S Y I J P M S O A L
H I H R K K O A C C W S A I P G A L N A
V N T R R C O M P E T I T I O N E M G I
C G A I Y I A R N F L B O X N O R B E K
U P C M K V N R I C E N W R E H T O R B
B O M O P Z U G E N P A R A N O I D V A
I O F O A I H L O N A F B I T A L I A N
T L B Y S T L F O P A J U H V B Z Z B K

ABUSIVE
ANGER
ARENA
ARREST
BOXING
BROKEN NOSE
BRONX
BROTHER
CATHY MORIARTY
CHAMPION
CIGAR
COACH
COMPETITION
FAMILY
FIST FIGHT
ITALIAN
JAIL CELL
JAKE LA MOTTA
JANIRO
JOE PESCI
JOEY LA MOTTA
MIRROR
NEW YORK
OPPONENT
PARANOID
PARKING GARAGE
PRIZE FIGHTER
RAGE
REDEMPTION
RING
ROBERT DE NIRO
SALVY BATTS
SWEAT
SWIMMING POOL
TELEPHONE
TOMMY COMO
VICKIE THAILER

Solution on page 172

Field of Dreams

X T P Z I F E N W A Y P A R K T T L V H
L S D W R I T E R E N C E M A N N P D N
G P H L B R A Y L I O T T A E L K O T F
C O X O P A C I F I S T P H R A M P A K
A R D L E I F L L A B E S A B L C T A Z
T C D T Y L O E C I O V Y R L L H S M U
C N A P O Q E N M A R K T G S E I O W A
H S R A E H A S N A I N D E R S C H B R
E C L Y A L L E S N I K E I N N A G J H
R O A D T R I P S J K H P H Z I G N J E
O R R R E G R E T S O M T C C K O R K Y
P E U P S F L A D E U E P R H N W L N P
R B T X A L F W Y N H F J A D I H C S O
A O A W A A M Y M A D I G A N R I D W V
C A N Q R S D L E I F N R O C A T O Y G
T R R M R E N T S O C N I V E K E C B M
I D E J A M E S E A R L J O N E S T W A
C R P X M A H A R G T H G I L N O O M V
E R U S O L C E R O F U J I R R X R N H
W T S R E H C A E L B R E H C T I P G U

AMY MADIGAN
ANNIE KINSELLA
ARCHIE GRAHAM
BASEBALL FIELD
BLEACHERS
BURT LANCASTER
CATCHER
CHICAGO WHITE SOX
CORN FIELDS
CROPS
DOCTOR
FARMER
FATHER
FENWAY PARK
FORECLOSURE
GHOST
HOTDOG
IOWA
JAMES EARL JONES
KARIN KINSELLA
KEVIN COSTNER
MARK
MOONLIGHT GRAHAM
PACIFIST
PITCHER
PRACTICE
RAY KINSELLA
RAY LIOTTA
REGRETS
ROAD TRIP
SCORE BOARD
SHOELESS JOE JACKSON
SUPERNATURAL
TERENCE MANN
UMPIRE
VOICE
WRITER

Solution on page 172

The Natural

S O E K R D F F B E V T B W S E V B V P
F Y C G L H Y M E D T R I U M P H T G O
S R E N N A B D E L G N A P S R A T S P
N E C H E W K I M B A S I N G E R R H A
H P I P S W O O D W O R K I N G R A K G
I O T J O R Y R E H C T I P U V I Y R S
L R C J L P E O L B P L R G R P E Q S D
I T A Z C L F H R D A H O T E L T V E H
G E R G N Z L I A K S S B O M Q B R R I
H R P L N K B L S R C E E I O G I I E Y
T U G A E B B G A H A I R B H B R E L E
N I N S L S F C M Y E B T I A B D T E H
I R I S G A I N E S D R R Y E L F E V W
N O T E A M L I M R Z J E A E S L L A O
G Y T Y G N I T O O H S D I B V A H T L
R H A E Z U U F P C D E F K T H U T O B
F O B T O U L Q A Z S C O R E B O A R D
L B K W A I L O R N X D R U G S T O R E
B B N S W Q C O I J Z M D O B A T T E R
Q S O T H S R E S T A U R A N T U Y K P

ATHLETE
BARBARA HERSHEY
BASEBALL
BATTER
BATTING PRACTICE
COACH
DRUG STORE
ELEVATOR
FIELD
GLASS EYE
GLENN CLOSE
HARRIET BIRD
HOME RUN
HOTEL
IRIS GAINES
KIM BASINGER
LIGHTNING
MEMO PARIS
NEW YORK CITY
PITCHER
POP FISHER
RED BLOW
REPORTER
RESTAURANT
ROBERT REDFORD
ROY HOBBS
SCORE BOARD
SHOOTING
SPARKS
STAR SPANGLED BANNER
TEAM
TREE
TRIUMPH
WILFORD BRIMLEY
WOOD WORKING
WORLD SERIES

Solution on page 173

Pride of the Yankees

H C E E P S L L E W E R A F B I Z V T Y
P O C E L C Y C R O T O M F E F V P U E
E L S U R E T I R W S T R O P S W C M B
D U E R E Y A L P L L A B E S A B A P U
X M K L A V I N R A C C O N F B U P I L
T B I V N D I T O K P P A S I A S L R C
N I R O H E I A H R Q M U I D A T S E T
A A T N R O N O K E T R B A B E R U T H
R U S E F K S N B S P W H Q N K K T I G
U N E W S P A P E R C L I P P I N G R I
A I E Y X R C I I R O E A T H L E T E N
T V R O P F K S Y T B A G P C R J O M L
S E H R C C E A V X A R D A F H X K E O
E R T K U P N Z T Q Y L E C I V E U N U
R S G L A K E Y T I N R E T A R F L T G
Y I T R E P O O C Y R A G B L S R W L E
Z T T E R E S A W R I G H T W A T A H H
Q Y S Z Y E S E I R E S D L R O W I M R
S A M B L A K E S A E S I D E V R E N I
E T L U M O O R R E K C O L L E G E G G

ATHLETE
BABE RUTH
BASEBALL PLAYER
CARNIVAL
COLLEGE
COLUMBIA UNIVERSITY
ELEANOR TWITCHELL
FAREWELL SPEECH
FRATERNITY
GARY COOPER
HAT
HOSPITAL
LOCKER ROOM
LOU GEHRIG
LUCKIEST MAN
MARRIAGE
MOTORCYCLE COP
NERVE DISEASE
NEW YORK
NEWSPAPER CLIPPING
NIGHTCLUB
PRANK
RADIO BROADCASTING
RESTAURANT
RETIREMENT
SAM BLAKE
SPORTSWRITER
STADIUM
SURPRISE PARTY
TERESA WRIGHT
THREE STRIKES
TRAIN
UMPIRE
WALTER BRENNEN
WORLD SERIES
YANKEES
WALTER BRENNEN
WORLD SERIES
YANKEES

Solution on page 173

Miracle

Z S W H J K L T H G I F H N O P A M S Z
N H P R A C T I C E H O C K E Y J W K Z
M O A W O U B M A R R I A G E W E W S E
R S S C I P M Y L O O B O B A I Y V O M
U E S K B P O B C J V C B W V T X O G A
W L I P R E S S C O N F E R E N C E R N
Y C N A O A T X W P S S E C O Z A C N K
L A G L A U L N P A T T Y B R O O K S C
U R A W D L O C O S N K U U O D K F L I
F I Y E C M P D A I C R K M Z F M S O N
L M N J A E E M B I N U U S E O W V W J
M T W I S Y T O R B C U R C O P L T H U
S M A M T S J T M O P I T R J Y A E I R
T E S C I F A U L G O D R E D N U R S Y
U I T R N P W L Q R Y E U T I D M A T F
O B H A G C E P U Y K G S T A V D O L Y
Y C C I K G G S F C Z E S H A P O Q E S
R O A G E S S V O T E L E G R A M S S H
T R O P R I A L A K E P L A C I D U X T
C V C F A Y R D E K W A L T E R B U S H

AIRPORT
BROADCASTING
CHRISTMAS
COACH
COLD WAR
COLLEGE
COSTUME PARTY
CRAIG PATRICK
FIGHT
HERB BROOKS
ICE HOCKEY
INJURY
JIM CRAIG
JOB INTERVIEW
KURT RUSSELL
LAKE PLACID
LOCKER ROOM
MARRIAGE
MIRACLE
NEW YORK
NICKNAME
OLYMPICS
PASSING
PATRICIA CLARKSON
PATTY BROOKS
PRACTICE
PRESS CONFERENCE
PUCK
RUSSIA
SKATES
STUDENTS
SOVIET UNION
TELEGRAM
TRYOUTS
UNDERDOG
WALTER BUSH
WHISTLE

Solution on page 173

Remember the Titans

G E T T Y S B U R G V I R G I N I A J T
T X S I R R A H V E R H D R J B H S D X
Q U A R T E R B A C K C B P L A Y E R S
N U O K I N T E G R A T I O N M N A O Q
O A Y Z S A P C T U C R I A H Z S A T J
I L L O H E R M A N B O O N E Q C L Y X
T E L Z E F J H A P W I L L P A T T O N
C X I C R O L U I C T K W B B C P I H R
E A B A Y O B O L N G A F H U O V T A E
F N W R L T U U O I S N I N B A O A M I
R D A A Y B H D U H U P I N I C E N M T
E R T C O A D R I Q C S I N O H G S E R
P I E C A L I N E O F S C R I M M A G E
W A R I S L G D L E I F H A A A M A W B
Q K B D T T R C A H A L P G M T R H J Y
E X R E O I M O S A Q D J H I P I T F R
B S E N O J Y E T E P C A L D H B O M R
X X A T H L A T I P S O H Y W W Z E N E
L Z K W B L O C K I N G N O S A E S L G
B E N I H S N U S P A R A L Y S I S T L

ALEXANDRIA
BILL YOAST
BLOCKING
CAPTAIN
CAR ACCIDENT
CAROL BOONE
COACH
DENZEL WASHINGTON
EMMA HOYT
FIELD
FOOTBALL
GERRY BERTIER
GETTYSBURG
HAIR CUT
HERMAN BOONE
HIGH SCHOOL
HOSPITAL
INSPIRATION
INTEGRATION
JULIUS CAMPBELL
LINE OF SCRIMMAGE
LOUIE LASTIK
PARALYSIS
PERFECTION
PETEY JONES
PLAYERS
QUARTERBACK
REV HARRIS
RIOT
SEASON
SHERYL YOAST
SUNSHINE
TEAM
THREE A DAYS
TITANS
TRAINING CAMP
VIRGINIA
WATER BREAK
WILL PATTON

Solution on page 173

CHAPTER 11: True to Life

Walk the Line

R E H T O R B G N I R U O T M J A K S M
F L W A Y L O N J E N N I N G S R P S A
I A D R V I V I A N C A S H X C T D D R
S G R E E S E W I T H E R S P O O N P R
H O A R M A S D C N D I I G U U T L E I
I F B E U W A O O P U W U R B N U T R A
N W J C S B M O N Z E I B J E T I Q I G
G I U U I L P G C L T U O D H R B Z F E
E O N D C A H R E A S A I E W Y E A F A
R N E O A D I E R D Q C R G L M L O O P
M O C R W E L F T U C P N L A U L H G N
A S A P A Y L I I A E O A R S S I S N A
N K R D R G I N X R S I R D O I V A I M
Y C T R D M P N K Q R L R M P C H C R S
K A E O S H S I M F M U P L O R S K A E
I J R C O B N G O F G R Q F R G A C Y L
R P Y E L S E R P S I V L E P Z N A C A
U B N R L I C Y H S A C Y N N H O J A S
S I H P M E M R O T E N N E S S E E S D
X Y L R R L E N I L E H T K L A W E H M

MUSIC AWARDS
NASHVILLE
PROPOSAL
RAY CASH
RECORD PRODUCER
REESE WITHERSPOON
RING OF FIRE
SALESMAN
SAM PHILLIPS
SAW BLADE
SONGWRITER
TENNESSEE
TOUR BUS
TOURING
VIVIAN CASH
WALK THE LINE
WAYLON JENNINGS

ACCIDENT
AIR FORCE
BROTHER
CONCERT
COUNTRY MUSIC
DRUGS
DUET
ELVIS PRESLEY
FISHING
FOLSOM PRISON
GERMANY
GINNIFER GOODWIN
GUITAR
JACK CASH
JACKSON
JERRY LEE LEWIS
JOAQUIN PHOENIX
JOHNNY CASH
JUNE CARTER
LUTHER PERKINS
MARRIAGE
MEMPHIS

Solution on page 174

Erin Brockovich

H J C H I L D R E N D O X D V T V U E D
R V O F C A N C E R E T T I S Y B A B A
V Q J U L I A R O B E R T S S D T I H S
T I B M A J V Y R S A M D E E R H N Z Y
E V S V W P K O E H Y U A A R E Q R Z M
O A F N S Y E L K N I H Y S T S G O F O
G L F M U N D C I C C E P E I S T F X M
R T I O I T E U B C O P Y M A C H I N E
I I T T T N T C R Z U R W L W O K L W L
S F N O O E A W K E R W B R I D D A R G
Z K I R X S N X C B T E I N O E F C G N
X L A C I N I H C A R A C C I D E N T I
C A L Y C E M S O T O A W L E R I O M S
H W P C W J A J F O O P C S D T E I Q E
Q Y O L A A T I O I M B R E N D A T S S
K E K E S N N E E U Q Y T U A E B U K G
P R E S T N O N E C Q L H Z G S E L I F
Q S R B E O C G O T P B O G P E S L U A
S C I Y A D J U G E O R G E H R E O E Y
Q A M K G G K E U J K P P K F T O P N T

AARON ECKHART
ALBERT FINNEY
BABYSITTER
BEAUTY QUEEN
BIKER
BRENDA
CALIFORNIA
CANCER
CAR ACCIDENT
CHILDREN
CONTAMINATED
COPY MACHINE
COURTROOM
DESERT
DISEASE
DONNA JENSEN
DRESS CODE
ED MASRY
ERIN BROCKOVICH
FILES
GEORGE
HINKLEY
JOB HUNTING
JULIA ROBERTS
LAWSUIT
LAWYERS
MOTORCYCLE
NECK BRACE
PG AND E
PLAINTIFFS
POKER
POLLUTION
SINGLE MOM
TOXIC WASTE
WAITRESS
WATER

Solution on page 174

Titanic

I Y M I T B M B H T I M S N I A T P A C
N D Y K D W W N E G A K C E R W M A V G
G N T S I T R A A W J A C K D A W S O N
R A T W A N L E R B S M Y O J I S S T I
Y R X M M L G C T E L S N I W E T A K C
N B C S O I D O O N Z R P R H C E L T N
S R P W N F Z C F O U T O P I Y E C I A
R O S E D E W I T T B U K A T E R T T D
E C A R N J X T H X H X E C E L A S A C
G K B D E A M N E A A E R I S K G R N R
N L I N C C R A O P N D W D T C E I I G
E O L A K K L L C L D O H O A O G F C O
S V L S L E O T E L C C R D R H A Y A T
S E Y A A T V A A I U E O R L L P S W S
A T Z M C S E I N B F S T A I A D H V N
P T A O E C J Y D K F R A N N C I C V D
H B N H V I O L I N S O V O E S E T J E
G S E T A B Y H T A K M E E T E S R O C
M R S C X V N W O R B Y L L O M O X Q K
G R E B E C I S T A O B E F I L D S K R

ARTIST
ATLANTIC OCEAN
AXE
BILL PAXTON
BILLY ZANE
BRANDY
BROCK LOVETT
CAL HOCKLEY
CAPTAIN SMITH
CORSET
DANCING
DECK
DIAMOND NECKLACE
ELEVATOR
FIRST CLASS
HANDCUFFS
HEART OF THE OCEAN
ICEBERG
JACK DAWSON
KATE WINSLET
KATHY BATES
KING OF THE WORLD
LEONARDO DICAPRIO
LIFEBOATS
LIFE JACKETS
MOLLY BROWN
MORSE CODE
MR LOVEJOY
PASSENGERS
POKER
ROSE DEWITT BUKATER
RUTH
SAFE
STEERAGE
THOMAS ANDREWS
TITANIC
TUXEDO
VIOLINS
WHISTLE
WHITE STAR LINE
WRECKAGE

Solution on page 174

Bonnie and Clyde

I L B C D V Q F D C V R R V T F S E O W
S H E M A C H I N E G U N I M A D B R Z
Z S C M L R N O I T A T S S A G T E M Q
S S E R T I A W M S P U G F R C P T L O
R O H R C H M C O C L Y D E B A R R O W
P M Y N T E K F C R P T A B P S S B L O
T W D C K T C F C I R T L S R H R G I K
U C T Q A Y A A U Y D A W E C O E N B C
Y S G F W M H M S E N E B Z I O H I F U
O F R R A U E E P C N B N K N T T P B Q
E S G E N Y N R H X O N H T C O O P S Q
Y B O N N I E P A R K E R Q I U R A E Y
E K V I L S G D K F G R R R P T B N S W
A S G D S G M N U C O R N F I E L D S W
C Y A I R T A E I N F A U F R H X I A N
D E O H L B U G E T A W A Y C A R K L P
H N X Q C Y A I K J S W U Q J Q M U G D
P O X Z U R E G N A R S A X E T I R N E
R M B B F L A T T I R E J Y U W U H U M
E I K P O L I C E L F U G I T I V E S O

BANK ROBBERS
BLANCH
BONNIE PARKER
BROTHERS
BUCK BARROW
CAMERA
CAR ACCIDENT
CAR CHASE
CIGAR
CLYDE BARROW
CORNFIELDS
CW MOSS
DINER
FAME
FAYE DUNAWAY
FLAT TIRE
FUGITIVES
GAS STATION
GENE HACKMAN
GETAWAY CAR
GREAT DEPRESSION
HEADLINES
JAIL
KIDNAPPING
MACHINE GUN
MATTRESS
MONEY
NEWSPAPER
PICNIC
POEM
POLICE
SHOOTOUT
SUNGLASSES
TATTOO
TEXAS RANGER
WAITRESS
WARREN BEATTY

Solution on page 174

Dog Day Afternoon

C P V C L F R P H O S T A G E S R H V Q
R K B K P C S U C R I C A I D E M N E S
Y F B A N K R O B B E R Y F M T Y S Q A
J N O C N A C L N E W Y O R K T Y M Y V
A L N S S K B G E N G X E G Y E N O M R
T S I E H E T S D U Y H M N M R N K Y S
X X C H J E R E G Q S W C I X A C I Y V
I F A Q M F L G L N I D O N U G D N A H
U K P I Z Z A D E L I V E R Y I B G E S
M S L P R E Y O O A E V Q U T C G B G N
U Z A O F P L N B N N R A D S Z O R N I
D Y M H G A I R P O R T S S B Y I B I P
D E H S E U G E N E M O R E T T I K T E
Q N T R Y J O H N C A Z A L E S E O N R
L A S E C U R I T Y G U A R D C R K I F
O V A B C W Q P H O N E C A L L I I A X
M L A R J T N Z S H Z N K H O I H L F Y
U U M A F J I H R E T P O C I L E H O L
O M L B S D S V C N O I S I V E L E T P
S A I R P L A N E N Y L K O O R B T V C

AIRPLANE
AIRPORT
AL PACINO
ASTHMA
BANK ROBBERY
BANK TELLERS
BARBERSHOP
BROOKLYN
CHARLES DURNING
CIGARETTES
DETECTIVE
EUGENE MORETTI
FAINTING
FBI
FIRST SAVINGS BANK
HAND GUN
HEIST
HELICOPTER
HOSTAGES
JENNY
JOHN CAZALE
LOEN SHERMER
MEDIA CIRCUS
MONEY
MULVANEY
NEW YORK
PHONE CALL
PIZZA DELIVERY
POLICE
SAL
SERGEANT
SECURITY GUARD
SHELDON
SMOKING
SNIPER
SONNY WORTZIK
TELEVISION

Solution on page 174

Pearl Harbor

D N A L G N E V Q L E N O L O C A B P Q
M E Y E T E S T O L I P O J P I R T Q U
U C H A M P A G N E A L S I X V A M W G
K C E L F F A N E B M A B E T T Y O Y C
S T L E V E S O O R N I L K N A R F O B
U S F C D S L Q V D N S V O I L I N T R
B R I B O A R A R M Y U S R D Y V V R E
M E G A R B E A S D T N R W A E B L A V
A T H L I Y K E N N H A A S R L J L I O
R T T D S R L L F O I R B T E W O L N L
I E E W M A A K J D T K I M W A S A S V
N L R I I T W N N W G B C H O C H B T I
E S P N L I Y I O V L H E E C C H E A N
S V L H L L N W E E N E B B B M A S T G
E D A R E I N D O O L I T T L E R A I D
N Q N V R M A E W C V L Y Z Y F T B O O
A A E E Y T D R H A W A I I R A N A N O
P D S J I P E A R L H A R B O R E S K R
A U M H M R I A E Y G N I R E T T U T S
J M S C A R F B E Y X V O L U N T E E R

AIR RAID
ALEC BALDWIN
ARMY
AVIATION
BASEBALL
BEN AFFLECK
BETTY
CHAMPAGNE
COLONEL
COMBAT
CONVERTIBLE
DANNY WALKER
DOOLITTLE RAID
DORIS MILLER
DYSLEXIA
ENGLAND
EVELYN JOHNSON
EYE TEST
FIGHTER PLANES
FRANKLIN ROOSEVELT
FRIENDS
HAWAII
JAPANESE
JOSH HARTNETT
KATE BECKINSALE
LETTERS
MILITARY BASE
NURSE
PEARL HARBOR
PILOTS
RAFE MCCAWLEY
RED WINKLE
REVOLVING DOOR
SANDRA
SCARF
SUBMARINES
STUTTERING
TRAIN STATION
VOLUNTEER
WHEELCHAIR
WORLD WAR TWO

Solution on page 174

The Pursuit of Happyness

B V S T N E M T R A P A L S J S P H J I
L O A W L R J H K E B U S S T A T I O N
A D N I L E T N O O T E Z O R I B A C T
T D F E E T T T H R L T C K M Z I P L E
I O R M D L O O M E F K I S A N A K X R
P Y A A L E C N M D B N N W R I S R L N
S B N G F H N O O R G E I O N C A Y R S
O C C L C S H S O T D T F T E A L M E H
H H I L H F S K I A W I L V R R E J N I
W I S A R H E C J T L E I S S A S D D P
I N C B I R K V W A Y C N A X C M T R B
L A O T S E A O C F T S L E U C A A A A
L T Z O T D R A L I B A C E I I N X G B
S O R O O L F M O O R H T A B D W I S Y
M W I F P E N N H Y B G I K N E N C I S
I N T A H J A Y T W I S T L E N Z A R I
T A U T E S L L A C E N O H P T E B H T
H O O H R M A U E B U C S K I B U R C T
Z V D E S U B W A Y V J M U I D A T S E
F V M R Y A D F D I G F J J T E C I A R

ALAN FRAKESH
APARTMENT
BABYSITTER
BATHROOM FLOOR
BONE DENSITY SCANNERS
BUS STATION
CALIFORNIA
CAR ACCIDENT
CHINATOWN
CHRIS GARDNER
CHRISTOPHER
DEAN WITTER
EVICTION
FATHER
FOOTBALL GAME
HOMELESS
HOSPITAL
INTERNSHIP
JADEN SMITH
JAY TWISTLE
LINDA
MARTIN FROHM
MOTEL
PAINT
PARKING TICKET
PHONE CALLS
RUBIKS CUBE
SALARY
SALESMAN
SAN FRANCISCO
SHELTER
STADIUM
STOCKBROKER
SUBWAY
TAXI CAB
THANDIE NEWTON
WILL SMITH

Solution on page 175

Catch Me If You Can

I T Y T N E D N E P K T Y M X U F W O D
J J D F O R G E R Y D E C A L K C E N A
L T X U Y L E V A R T H E X X D P F M N
A O S G Y T I C K R O Y W E N B O Y B C
U M M I C H R P Z E C N A R F Y A L U I
N H O T T D P A E S T E W A R D E S S N
D A O I Z R U Y P N F B F B A O V R B G
R N R V U Z A R R T I K X M N A J O O V
O K Y E N O M N M N N L S A K T M G U J
M S C H R I S T O P H E R W A L K E N T
A I N R O F I L A C T D M I B A E R C N
T N E I T A P N E W O R L E A N S S I A
E G G N O R T S A D N E R B G T F T N R
U F R E M A R T I N S H E E N A W R G R
Q R E Y W A L C H R I S T M A S G O C A
N A M S Q C A B A N K T E L L E R N H W
A U E B P P O S U I T C A S E S X G E S
B D C A R L H A N R A T T Y J M C B C U
M O V I E T H E A T E R Q K R B U F K I
I N O S I R P S A K I P V B R A C E S Y

AIRLINE PILOT
AMY ADAMS
ATLANTA
BANK TELLER
BANQUET
BAR EXAM
BOUNCING CHECKS
BRACES
BRENDA STRONG
CALIFORNIA
CARL HANRATTY
CHRISTMAS
CHRISTOPHER WALKEN
CON ARTIST
DANCING
EMERGENCY ROOM
ENGAGEMENT PARTY
FBI
FORGERY
FRANCE
FRANK ABAGNALE JR
FRAUD
FUGITIVE
LAUNDROMAT
LAWYER
LEONARDO DICAPRIO
MARTIN SHEEN
MONEY
MOVIE THEATER
NECKLACE
NEW ORLEANS
NEW YORK CITY
PATIENT
PENDENT
PRISON
ROGER STRONG
STEWARDESS
SUITCASES
TOM HANKS
TRAVEL
WARRANT

Solution on page 175

A Beautiful Mind

R N B G A P Q P Y D E U G A E L Y V I Q
E O S I R R A H D E G H P O O L G A M E
Q I T H X I B M A I L A C O L D W A R G
L T Y J O N O D A T E R C E S P O T S A
H A L L U C I N A T I O N S X T T Y E I
G C S N Z E K A J O H N N A S H V O L R
E I C O C T W T L E O E Z T I C E C D R
N D H T L O R O H C R R M B E Z X H E A
I E I S E N D O R E N U V A I R P A E M
U M Z O A U A E S C R K T R T B S R N C
S C O B W N F I B S L A P C C I Y L H T
W D P H J I A H O R E L P H E M C E L T
W G H A N V D I K N E F E Y L L H S R E
E B R N D E N C C B A A O S K J I A O R
D N E S O R R D O I D R K R S L A H O E
D J N E G S A N I Y L X A I P U T C M H
I W I N I I B U T H T A B P N Y R R M C
N W A Z S T N E M N R E V O G G I A A R
G C N C R Y P T O G R A P H Y P S C T A
F L I B R A R Y B J F N N O G A T N E P

ALICIA NASH
BAR
BATHTUB
BOSTON
CAR CHASE
CHARLES
CODE BREAKING
COLD WAR
CRYPTOGRAPHY
DR ROSEN
ED HARRIS
GENIUS
GOVERNMENT
HALLUCINATIONS
HANSEN
IVY LEAGUE
JENNIFER CONNELLY
JOHN NASH
LECTURE
LIBRARY
MARRIAGE
MATHEMATICS
MEDICATION
NEEDLES
NOBEL PRIZE
PARANOIA
PARCHER
PENTAGON
POOL GAME
PRINCETON UNIVERSITY
PROFESSOR
PSYCHIATRIST
ROOMMATE
RUSSELL CROWE
SCHIZOPHRENIA
SHOCK THERAPY
SOL
SPY
TOP SECRET
WEDDING

Solution on page 175

Funny Girl

D U F A L E P E S Y P T R F G I W X W U
R K U R L W K S K A T I N G D S E P I F
A D X I Q V P C Z H L X Z V E A G D M K
C O M E D I A N O V E C I R B Y N N A F
T Q M Y T R E B I L F O E U T A T S N R
R E G A T S K C A B P F G T S W G K S U
E M B E Z Z L E M E N T F I R D H X I Z
S G C H O R S E L L I V E D U A V M O Z
S A T N A R U A T S E R L Q G O I O N D
R C M Z I E G N O I T I D U A R U N I N
E C R O V I D I X S S V F V M B Z F S U
C N E M U S I C A L N I O N B W H T A L
U R T C W M K R R J R B L Z L S R R C L
D T R T I A B O S A A C L O I R N E E W
O U O K C R R C H L K M I W N S E T Y C
R G P V A R B S L S C W E G G S W A V E
P B E B I I R E H S I J S S M J Y E G E
F O R M L A T S S E N I S U B W O H S Q
H A Q P M G X E R O M I T L A B R T T D
H T O O B E N O H P R E K O P S K N B F

ACTRESS
AUDITION
BACKSTAGE
BALLET
BALTIMORE
BARBRA STREISAND
BROADWAY
CASINO
COMEDIAN
DEBT
DIVORCE
EGGS
EMBEZZLEMENT
FANNY BRICE
GAMBLING
GEORGIA JAMES
HORSE
JEWISH
MANSION
MARRIAGE
MIRROR
MUSICAL
NEW YORK
NICK ARNSTEIN
OMAR SHARIF
PHONE BOOTH
POKER
PRODUCER
RACE TRACK
REPORTER
RESTAURANT
ROSE BRICE
SHOW BUSINESS
SKATING
STATUE OF LIBERTY
THEATER
TRAIN
TUG BOAT
VAUDEVILLE
ZIEGFELD FOLLIES

Solution on page 175

CHAPTER 12: **Nail Biters**

Double Indemnity

A P P H U W R E L I B O M O T U A I S X
U G H L O S A N G E L E S F S W A Y N Y
V A A Y W R C L Q A I N R O F I L A C N
L V D R L S E T T E R A G I C M O I M Q
J J B O B L S D N E U A Y A N K L E T O
I Q U T U S I O R D R A G A O O K D G Y
E P S A G B H S T U R M G G P Q C W L Y
X N E V T P L I D R M Q E E N G Q A C P
A N C E E B A E U I H I C F U I Y R O H
X T N L K Z C M I M E N E N F A K D A M
B W E E R K C Y W N A T S A R A B R A B
B T D I A A I H V R D H R T U A C O A F
G M I P M L D G U V O E E I G S S B W P
B U V D R T E S R T J B M Y C E R I Z T
G S E Y E K N O T R A B P N N H S N M C
F R C D P I T N N Y M Z I T I C S S B K
F P I R U R A I L W A Y S T A T I O N C
S A L E S M A N A L Y S T M W U Y N N T
Q Q O P W R P C R E D R O C E R H G Q W
D N P U T K R C O L Z C L I I C U L V C

ACCIDENT
ANALYST
ANKLET
AUTOMOBILE
BARBARA STANWYCK
BARTON KEYES
BETRAYAL
CALIFORNIA
CIGARETTES
CRUTCHES
DOUBLE INDEMNITY
EDWARD ROBINSON
ELEVATOR
EVIDENCE
FRAUD
FRED MACMURRAY
GUN SHOT
INSURANCE POLICY
LOLA
LOS ANGELES
MURDER
NINO
PARKING GARAGE
PHYLLIS DIETRICHSON
PISTOL
POLICE
RAILWAY STATION
RECORDER
SALESMAN
SCAM
SUPERMARKET
TELEPHONE
TRAIN
WALTER MEFF

Solution on page 176

Enemy of the State

S W S T J F U G I T I V E E R C N W V H
A I Z A V I T Z T H G I O V N O J G K R
G R O B E R T D E A N O L L I R B R G J
R E E T R E B L A N A M S S E R G N O C
P T N M L E K I A M N S O S E U I B M E
W A S E A S X E E I U L B D Q P C A W W
G P T Z H C D U A R P N N L P T F T P I
C G N P N A O P V X A E U O N I H H A L
T L E P L P C E E M L C H N A O L R Y L
A N G R F E I K D B B S H Y T N Z O P S
O V A L E L G N M I S X I E T J J B H M
B C A J L F G W O A V M L R L Y B E O I
Y V S A A U G O M U N F I S R B L C N T
R S N C D N O T G N I H S A W I A R E H
R C E F I R S E S R S J L M C R C N Z F
E Y A N E I E G E A P G P O C E K J K J
F H N T R T S R H T R I P H T Y M R S S
O U N H A M V O X U X T A T A W A T C H
R I C B W R L E B L E S O X U A I D L F
P I U E I A Z G K R E S A T E L L I T E

ALOHA SHIRT
BATH ROBE
BLACKMAIL
BLENDER
BRILL
BURGLARY
CAR CHASE
CARLA DEAN
CAT
CHRISTMAS SHOPPING
CONGRESSMAN ALBERT
CORRUPTION
EXPLOSION
FERRYBOAT
FIRE ESCAPE
FUGITIVE
GENE HACKMAN
GEORGETOWN
HELICOPTER
HOTEL FIRE
JON VOIGHT
LAWYER
MAFIA
NSA AGENTS
PAY PHONE
PINTERO
RACHEL BANKS
ROBERT DEAN
RUNNING
SATELLITE
SURVEILLANCE
THOMAS REYNOLDS
VIDEO CAMERA
WASHINGTON DC
WATCH
WILL SMITH
WIRE TAP
ZAVITZ

Solution on page 176

Heat

O W I S B X P V G M C Y L S T J Y C M I
R C T Z E B B X V D H A S W B X P I O P
O Q G S I L R E H I H S S I R H C R N Z
G Z R C A R A C C I D E N T N H F E E I
D U G V I N C E N T H A N N A T E M Y L
F E N I T S U J L Y F X E E G V O L L W
T G C Y R E B B O R G I L S T A N I A O
U A R N T O R I M Q L C I S C F I K U C
O T I S A J B A W M H R W P H Y C L N C
P S M E E L Q E C E N A P R A U A A D R
V O I L H S L C R Y T U U O R R P V E T
B H N E M X A I S T A D G T L X L X R U
I A A G X U T H E X D W D E E I A L I M
H I L N L T O A C V H E A C N H C T N P
C R S A O O M L A U R E N T E I G E G N
S P Y S T D M U Y O I U H I E T H I E F
T O K O C O L D M U H Q S O R G P C B X
W R U L E T A R L X K T E N L O U Y A W
C T T E B E A R E R B O N D S U G X N M
B T O T H G I O V N O J C J H L W Z K O

AIRPORT
AL PACINO
ARMORED TRUCK
BANK
BEARER BONDS
CAR ACCIDENT
CHARLENE
CHASE
CHRIS SHIHERLIS
CRIMINALS
EADY
GETAWAY CAR
HEAT
HEIST
HOSTAGE
JON VOIGHT
JUSTINE
LAUREN
LOS ANGELES
MACHINE GUN
MICHAEL CHERITTO
MONEY LAUNDERING
NATE
NEIL MCCAULAY
POLICE
ROBBERY
ROBERT DE NIRO
SHOOTOUT
SURVEILLANCE
SWAT TEAM
THIEF
VAL KILMER
VAULT
VINCENT HANNA
WITNESS PROTECTION

Solution on page 176

Rear Window

K W Q N A N Y G A P A R T M E N T D Q E
C O M P O S E R I A H C L E E H W R B S
Z D L P Z T S G R R U B D N O M Y A R R
O N B H E A T W A V E W W M W E T Y O U
M I J O T D E F A S Z I A X Z S S T K N
A W E T L B L V I X S S J F J A P R E S
J L F O L E L A A R D A A U S L S U N R
R T F G A Q A X W O E D M N U E G O L O
G Z E R C U V G Y R D E E C L S R C E B
S T R A E H Y L E N O L S S I M A S G H
R P I P N D E N E M E H S C S A C D A G
A H E H O J H I E P V B T D A N E E B I
L M S E H S R I O W L D E S F P K W D E
U F U R P F V C T U Y T W Q R D E Y N N
C O N R L I S X B C E O A D E A L L A K
O G A R D E N H C C H D R I M N L W H Z
N M I Q L E S G T C J C T K O C Y E R E
I G C E Y A R I T H I K O O N E H N Y D
B O T M L N V X L O Y P D C T R U N K B
D Z N F N E S D U D M I Z R K H K A S Y

ALFRED HITCHCOCK
APARTMENT
BINOCULARS
BROKEN LEG
COMPOSER
COURTYARD
DANCER
DETECTIVE
FIRE ESCAPE
FLASH BULBS
GARDEN
GIRLFRIEND
GRACE KELLY
HANDBAG
HEAT WAVE
JAMES STEWART
LARS THORWALD
LB JEFFERIES
LISA FREMONT
MASSAGE
MISS LONELY HEARTS
MURDER
NEIGHBORS
NEW YORK
NEWLYWEDS
NURSE
PEEPING TOM
PHONE CALL
PHOTOGRAPHER
RAYMOND BURR
SALESMAN
SCULPTOR
STELLA
TELESCOPE LENS
THOMAS DOYLE
TRUNK
WHEELCHAIR
WINDOW

Solution on page 176

Seven

F W O H N I R W K J O U R N A L S Y O S
W Y R T O R T U R E T P O C I L E H G X
P A R T N E R S O B E S I T Y A V S J L
R L W Y A W B U S P A G H E T T I P L F
E A E D A L B R O Z A R V L C S T F S B
G W Y N E T H P A L T R O W O E C L A M
N Y E N S L H Y E C A P S N I V E K N R
A E W I L L I A M S O M E R S E T R O O
N R T Q L D Y V Z T X F M M P N E H I T
C S T N I R P R E G N I F I C D D O T S
Y W I K M U D M O R G A N F R E E M A N
R A P R Y G D A K E Y G D U P A O I G I
A T D O C D U N V N P S M Q M D D C O A
R T A Y A E S T A I R W E L L L N I R R
B E R W R A K M L D D E E R G Y H D R W
I A B E T L C L U E S M N M V S O E E A
L M I N V E S T I G A T I O N I J K T H
T S H P A R G O T O H P W L S N C C N L
N B O Y D R A O B T R A D G L S S E I S
Z T R E S E D A L B H C T I W S C X G P

BRAD PITT
CLUES
DART BOARD
DAVID MILLS
DELIVERY SERVICE
DESERT
DETECTIVES
DINER
DRUG DEALER
FINGERPRINTS
GREED
GWYNETH PALTROW
HELICOPTER
HOMICIDE
INTERROGATION
INVESTIGATION
JOHN DOE
JOURNALS
KEVIN SPACEY
LAWYER
LIBRARY
MORGAN FREEMAN
MURDER
OBESITY
PARTNERS
PREGNANCY
RAIN STORM
NEW YORK
PHOTOGRAPHS
RAZOR BLADE
SEVEN DEADLY SINS
SLEEPING PILLS
SPAGHETTI
STAIRWELL
SUBWAY
SWAT TEAM
SWITCHBLADE
TORTURE
TRACY MILLS
WILLIAM SOMERSET
WINE

Solution on page 176

The Sixth Sense

G C E D I R S U B X Y S V L S P S M U B
P H I L A D E L P H I A S V D P A R C V
S A O R E D R O C E R E P A T Z N P I C
Y N Q S N M U Q Y P W H C R U H C M I R
C G S P T C E S N E S H T X I S T F S T
H I H I D D E N C A M E R A T H U P M A
O N D R N S O Y T W Q K F U A E A A H P
L G V A M G I K M A L C O L M C R O W E
O N I L N V L L F R R F E D H U Y C S N
G O N S L C T E L D L Y N N S E A R E N
I S C T A N E W M I J I S I X R L I X S
S I E A E C E R V O W W K C A S P A B Y
T O N I C O L L E T T E G C H L L D I L
O P T R J L F L X C F H C K L O O E G V
F A G C D E O E F O I I E U I U O L M A
P M R A E S A N N A D T W R R T H L D N
W U E S M E L P O E P D A E D B C I E I
Q A Y E N A W I N E C E L L A R S H C A
S R N L A R U T A N R E P U S U Z C E I
S T U T T E R I N G L A S S E S G J I N

ANNA SEAR
AWARD
BRUCE WILLIS
BUS RIDE
CAR ACCIDENT
CHILLED AIR
CHURCH
COLE SEAR
DANCE RECITAL
DEAD PEOPLE
ELEMENTARY SCHOOL
GHOST
GLASSES
HALEY JOEL OSMENT
HANGING
HIDDEN CAMERA
KITCHEN
LYNN SEAR
MALCOLM CROWE
PATIENT
PENNSYLVANIA
PHILADELPHIA
POISON
PSYCHOLOGIST
SANCTUARY
SCHOOL PLAY
SECRET
SINGLE MOTHER
SIXTH SENSE
SPIRAL STAIRCASE
STUTTERING
SUPERNATURAL
TAPE RECORDER
TONI COLLETTE
TRAUMA
VCR TAPE
VINCENT GREY
WINE CELLAR

Solution on page 176

Jaws

E Y G E U B J V E J F F O T S Q C G R K
F R U K Q C K L G M F K A Q W G P I C D
R E K J Y F F W A H S T R E B O R O D A
J T I Q U I N T C E X P L O S I O N O E
X P U H R S T B R E D I E H C S Y O R G
S O G T C H O M F O U R T H O F J U L Y
D C V A O E L A R R Y V A U G H N K X L
Q I X O Y R C R R E X R L T C I N A P F
G L P B D M K I H Y D D P A Y G S G G G
D E G G D E V N L D V A E T T N U Q V I
R H N N R N D A R O T B S T A I C P R J
A R I I K O H E X R P A N O E V P I E G
O P M K I V Y Y S B H C E O A I O S C Q
B H M N J F G A U N S P C V B D Y I O W
L O I I U E O A M I T Y I S L A N D A H
L K W S N A T C M T E L L E N B R O D Y
I L S T H R W P E R K X L W R U X R Z N
B F A M P A H G R A F F I T I C U Y E H
A N E O K S R X P M N J L C X S V I S L
K S W I J M L K X U F Y L E I J I P K N

AMITY ISLAND
BARREL
BEACH
BILLBOARD
BOAT
CAGE
ELLEN BRODY
EXPLOSION
FEAR
FISHERMEN
FOURTH OF JULY
GRAFFITI
HELICOPTER
HOSPITAL
ISLAND
LARRY VAUGHN
LICENSE PLATE
MARINA
MARTIN BRODY
MATT HOOPER
MAYOR
OCEAN
OXYGEN TANK
QUINT
PANIC
PIER
POLICE CHIEF
RICHARD DREYFUSS
RIFLE
ROBERT SHAW
ROY SCHEIDER
SCUBA DIVING
SHARK
SINKING BOAT
SUMMER
SWIMMING
TATTOO

Solution on page 177

Jurassic Park

R U Y Z W P H E L I C O P T E R D O G I
U P Y Z L S P A R E N O E X P E N S E R
O V H H S R U A S O N I D X L K E W N N
X K P B P D L O A M S P O V U C K I E G
D N R X E R S U R U A S O N N A R Y T N
M O U G L N U W X P M G L E I H A G I M
O O M N L W S M W O N I F G X R P O C A
U D M I I J T L X W E C D G S E C L E E
T L I N E M S M W E I T J A Y T I O N R
H U T N S U I L A R L H O S S U S N G C
O M O U A L T O T F L G H G T P S H I E
U T U R T B N C E A A I N G E M A C N C
S Y R O T D E L R I U L H E M O R E E I
E G C T L L I A G L R H A L I C U T E C
M U A P E O C M L U A S M N Z J J I R L
B R R A R G S N A R D A M E G A C S I O
R C R R A F E A S E E L O K P R H L N N
Y S R F M F N I S H R F N O Z A A A G I
O X M Z D E N N I S N E D R Y B O N G N
S N E F S J Y R O T A R O B A L S D T G

ALAN GRANT
BROKEN LEG
CAGE
CHAOS
CLONING
COMPUTER HACKER
DENNIS NEDRY
DINOSAURS
EGGS
ELECTRIC FENCE
ELLIE SATTLER
EMBRYOS
FLASHLIGHT
GENETIC ENGINEERING
HELICOPTER
IAN MALCOLM
ICE CREAM
ISLAND
JEFF GOLDBLUM
JOHN HAMMOND
JURASSIC PARK
LABORATORY
LAURA DERN
LEX MURPHY
MULDOON
OUTHOUSE
POWER FAILURE
RAPTOR
RUNNING
SAM NEILL
SCIENTISTS
SPARE NO EXPENSE
TECHNOLOGY
TIM MURPHY
TOUR CAR
TYRANNOSAURUS REX
UNIX SYSTEM
WATER GLASS

Solution on page 177

Die Hard

R E T P O C I L E H F Y F L H T W O A D
E S B L L E W O P L A T N A E G R E S S
P E E P R H O R E V I R D O M I L H N I
A N A K A T O M I P L A Z A C U R T O L
R A R G Y L E J O S E P H T A K A G I L
C L E A I R V E N T D S E O N Y K D T E
S C R V D E X N S T E A M R E W W E C Y
Y C B M A H L A E E B M E E W A H T U R
K M O O G C O L T E E T R N Y L O O R R
S N N P E N S P T F I S G N O K S N T A
T H D N N U A R E E N I E E R I T A S H
S O S U T A N I R R N R N G K E A T N A
I J E G J L G A A A O H C Y C T G O O N
R T C E O T E T G B B C Y L O A E R C S
O X I N H E L G I F M G C L P L S S R G
R T L I N K E N C D E S A O H K C C Z R
R L O H S C S S R F D A L H V I C J A U
E U P C O O O G D S I L L I W E C U R B
T A L A N R I C K M A N A K E Y C O D E
H V S M A L L S H O E S E L E V A T O R

AGENT JOHNSON
AIR VENT
AIRPLANE
ALAN RICKMAN
ARGYLE
BARE FEET
BEARER BONDS
BONNIE BEDELIA
BRUCE WILLIS
CHRISTMAS PARTY
CIGARETTES
CONSTRUCTION
DETONATORS
DWAYNE ROBINSON
ELEVATOR
EMERGENCY CALL
HANS GRUBER
HARRY ELLIS
HELICOPTER
HOLLY GENNERO
HOSTAGES
JOHN MCCLANE
JOSEPH TAKAGI
KARL
KEY CODE
LIMO DRIVER
LOS ANGELES
MACHINE GUN
MEDIA
NAKATOMI PLAZA
NEW YORK COP
POLICE
ROCKET LAUNCHER
SERGEANT AL POWELL
SKYSCRAPER
SMALL SHOES
TERRORISTS
THEO
VAULT
WALKIE TALKIE

Solution on page 177

North by Northwest

H J C P E C I L O P T A X I C A B T T O
O G A C I H C G E O R G E K A P L A N V
T J R M R O G E R T H O R N H I L L K V
E F Y I E O N M V S D E O O Y H R N H F
L C G S Y S P I E S C V M I R E W O H S
A A R T N D M D T U E A H T G V B G I N
D F A A O A E A U B D M S C K E P C M A
V E N K I U H C S S Q A U U I K H L S I
E T T E T T E O W O T R R A D E I A S C
R E R N A O E R L N N I T B N N L R H W
T R A I N T U N N E L E N H A D L A A U
I I C D I H T F K W E S U G P A I T V Z
S A G E S E A I W Y V A O V P L P H I U
I T N N S F T E Y O I I M F E L V O N L
N O I T A T S L A R T N E C D N A R G X
G D N I S T H D M K U T C G N I N N U R
O C I T S K O O B H C T A M A K D H E S
F J D Y A M F E M H E T N E G A A I C W
Q D S N O I S O L P X E G D E L M L O B
C P Z F U G I T I V E R E D R U M L Z A

ADVERTISING
ASSASSINATION
AUCTION
AUTO THEFT
BUS STOP
CAFETERIA
CARY GRANT
CHICAGO
CIA AGENT
CLARA THORNHILL
CORNFIELD
CROP DUSTING PLANE
DINING CAR
EVA MARIE SAINT
EVE KENDALL
EXECUTIVE
EXPLOSION
FUGITIVE
GEORGE KAPLAN
GRAND CENTRAL STATION
HOTEL
JAMES MASON
KIDNAPPED
LEDGE
MATCHBOOK
MISTAKEN IDENTITY
MOUNT RUSHMORE
MURDER
NEW YORK
PHILLIP VANDAMM
POLICE
ROGER THORNHILL
RUNNING
SHAVING
SHOWER
SPIES
STATUE
TAXI CAB
TRAIN
TUNNEL

Solution on page 177

CHAPTER 13: Cinema Classics

All About Eve

G U E A K L R B N O I T A R R A N T S R
N E V L U K G E O R G E S A N D E R S B
A A S K E D Z G T B N J K W Q B W E E P
I D X U G S I W G A A Z C J G A Y V R U
B I D R A W A T N U E C R N R N O I T P
A R F I T L J C I G A H I E Q Q R E C Z
F E P D S R P H R O J N T X Y U K W A V
X C T H D O L P R I N X I L A E C S R S
A T O S R U N P A A A X C L W T I A Y S
M O E T A J H D H B O T I O D V T B Q H
W R D L H E T C E O D Y S Y A P Y O O K
O E I E C N O N V W B O T D O B S T A D
W L R B I G N Z E L I D E R R M E A V F
D T Y T R A P Y A D H T R I B L V G L N
O U P A N G I C F B T K T C J W U E V K
F B M E E E K Z F E D D M H E T J M P K
T A U S R M P G B I L L S A M P S O N F
S E B H A E A G P L A Y W R I G H T K U
J N Q I K N O F Y G T Q M D T D L V D U
T C L N L T B U U N D E R S T U D Y C E

ACTRESS
ADDISON DEWITT
ANNE BAXTER
APPLAUSE
AUDITION
AWARD
BANQUET
BETTE DAVIS
BILL SAMPSON
BIRTHDAY PARTY
BLACKMAIL
BUMPY RIDE
BUTLER
BROADWAY
CRITIC
DIRECTOR
ENGAGEMENT
EVE HARRINGTON
FAME
GEORGE SANDERS
HOTEL
KAREN RICHARDS
LLOYD RICHARDS
MAID
MARGO CHANNING
MAX FABIAN
NARRATION
NEW YORK CITY
PLAYWRIGHT
REVIEWS
SABOTAGE
SEATBELTS
STAGE
STAIRCASE
TAXI CAB
THEATER
UNDERSTUDY

Solution on page 178

Citizen Kane

D N Q F I F J G I B R R E H S I L B U P
Y E F F A R I G Y K E M K S H A D O W Z
Z A L O D N O G D P P I O T E C N E F T
F Y F S S V X R A X O E P O U D A N A X
H J M R E W O P N A R L E C D W L C Q P
C H A R L E S F O S T E R K A N E Z H E
U F N M L W E D I R E C A M L M L I W O
G O S O E W A L T E R T H A T C H E R Z
R A I N W S I L A P S I O R S F A S O S
U U O E N U G G G O G O U K S V I U S O
I V N Y O S U E I L Z N S E K Q D O E V
P O O S S A Q H T I A E E T C M E H B M
G U N T R N Q C S T G M F C A C D G U Z
A D Z D O K Y A E I Y Q D R B N E N D T
S R I Z E A N H V C Y S Y A H O J I C D
F A V V L N P T N I F K B S S O N D S G
N M T I O E E O I A A A P H A C T R P P
S A W K M R A O S N H E M I L Y K A N E
V X H D V B C T E S T A T E F T G O Y L
S A K I D U P E B N I G H T C L U B E N

BOARDING HOUSE
CHARLES FOSTER KANE
DIVORCE
ELECTION
EMILY KANE
ESTATE
FAME
FENCE
FLASHBACK
GIRAFFE
GONDOLA
GOVERNOR
GUARDIAN
INVESTIGATION
JEDEDIAH LELAND
JAMES GETTYS
MANSION
MARY KANE
MONEY
NEWSPAPER
NIGHTCLUB
OPERA HOUSE
ORSON WELLES
POLITICIAN
POWER
PUBLISHER
PUZZLE
REPORTERS
ROSEBUD
SHADOW
SLED
STOCK MARKET CRASH
SUSAN KANE
TOOTHACHE
TYCOON
WALTER THATCHER
XANADU
ZOO

Solution on page 178

The Graduate

L N W S B N G O C D Y G G N I D D E W V
V O L K S W A G O N T U C O C K T A I L
B U S R I D E A H B F Y R A R B I L K K
L E T O H N C S W E O O K N K N Q C B R
P E O R O O I S A I R P L A N E O O E E
Z A C Q X S G T A N C U T G C D F H R S
I C K K U N A A O C N H O N D A C O K T
P I I K B I R T H D A Y P A R T Y L E A
R Y N J E B E I F R B M R M Z E Z I L U
O Y G K G O T O I F E B J F X P L C E R
P S S N E R T N A I N R O F I L A C Y A
O Q P A L S E L A I N E R O B I N S O N
S F O T L R S W M P A H A H C R U H C T
A T R H O M N A Z I P H O N E B O O T H
L S T S C S J Z S W I M M I N G P O O L
V O S I E N G A G E M E N T N A D K Z S
L A C F E X D D R M R O T S N I A R P S
I I A B W G N I H T A B N U S E Q V T R
K X R B U L C T H G I N W D S P T R Y H
D R O L D N A L H N M G R A D U A T E C

AIRPLANE
ALCOHOLIC
ANNE BANCROFT
BENJAMIN BRADDOCK
BERKELEY
BIRTHDAY PARTY
BUS RIDE
CALIFORNIA
CHURCH
CIGARETTES
COCKTAIL
COLLEGE
DATE
DUSTIN HOFFMAN
ELAINE ROBINSON
ENGAGEMENT
FISH TANK
GAS STATION
GRADUATE
HOTEL
KATHARINE ROSS
LANDLORD
LIBRARY
MRS ROBINSON
NIGHTCLUB
PHONE BOOTH
PROPOSAL
RAIN STORM
RESTAURANT
SPORTS CAR
STOCKINGS
SUNBATHING
SWIMMING POOL
VOLKSWAGON
WEDDING
ZOO

Solution on page 178

The Philadelphia Story

P L I B R A R Y E K S I H W R I T E R L
R H Z L R U E A V E S D R O P P I N G A
O T B R E H P A R G O T O H P J R H N E
F F J K X L A S O P O R P E D U I U S I
E C U P E T I U S L A D I R B R S S L L
S G N H E N I Z A G A M Y P S K E B O L
S N E I E L G N A I R T E V O L T A O I
O O V L Y H R K W B Y H N J N W T N P W
R I A A L G E O R G E K I T T R E D G E
E S H D U O N T W N Y T V Q A E R R N L
T N R E C F C K I H W J H W C O A A I C
R A E L H H C R E L K F E I L I G O M N
O M T P B O A I W I A T E Y M W I B M U
P A X H J H R M S A S I C C E B C G I P
E R E I T E Y S P S M A C D R C R N W O
R R D A S R G K E A R N D O R O N I S E
O I K S G D R M G T G I Y P S T V V E T
M A C A U L A Y C O N N O R C A V I A R
C G D Z H J N C E G L L E W B C L D D Y
U E T U G E T V D L O H O C L A O X P K

ALCOHOL
BRIDAL SUITE
BRYN MAWR COLLEGE
CARY GRANT
CAVIAR
CHAMPAGNE
CIGARETTES
CK DEXTER HAVEN
DIVING BOARD
DIVORCE
EAVESDROPPING
ELIZABETH IMBRIE
HEIRESS
HORSE
HUSBAND
GEORGE KITTREDGE
JAMES STEWART
KATHARINE HEPBURN
KISS
LIBRARY
LOVE TRIANGLE
MACAULAY CONNOR
MANSION
MARRIAGE
PHILADELPHIA
PHOTOGRAPHER
POETRY
PROFESSOR
PROPOSAL
REPORTER
SOCIALITE
SPY MAGAZINE
SWIMMING POOL
TRACY LORD
UNCLE WILLIE
WEDDING
WHISKEY
WRITER

Solution on page 178

Some Like It Hot

W H P B A M O M I L J I E R Z I W H D P
E N C L P A M B Y M K D G Z Q R I S A D
J O S E P H I N E H A G A N G S T E R T
V S H O W B U S I N E S S B D G N L G E
E O E J B I B J I U G P S R C N E C D N
M G G E K R M J Z J E A U A A I S Y A O
A A A N M T K A O L V T G C C R S C N H
A C R O I H S C I X I S A E J R G I C P
H I A I L D A K T M T C R L M A E B I O
W H G T L A L L I J C O K E X E Z C N X
F C G N I Y F E N V E L A T W S N Z G A
N R N E O C N M I Y T O N Y C U R T I S
W J I V N A P M L F E M E N H P A D R D
N T K N A K J O O G D B D J O L A B L N
M I R O I E J N I N O O C Y T L I O S O
K P A C R Z O H V M R A O Q E W C H B M
T S P R E C L U S J R O K G L P U C A A
M S Y G T C R O S S D R E S S I N G N I
P E M U S I C I A N S T I H B O M T D D
H X D M O T O R B O A T H C A Y K G R R

BASS VIOLIN
BEACH
BICYCLE
BIRTHDAY CAKE
BRACELET
CHICAGO
CONVENTION
CROSS DRESSING
DANCING
DAPHNE
DETECTIVE
DIAMONDS
EARRINGS
ENGAGEMENT
FLASK
GANGSTER
GIRLS BAND
HOTEL
JACK LEMMON
JAZZ
JERRY
JOE
JOSEPHINE
MARILYN MONROE
MASSACRE
MIAMI
MILLIONAIRE
MOB HIT
MOTORBOAT
MUSICIANS
OIL TYCOON
OSGOOD FIELDING
PARKING GARAGE
SAXOPHONE
SHOW BUSINESS
SPATS COLOMBO
SUGAR KANE
TONY CURTIS
TRAIN
ULCER
WITNESS
YACHT

Solution on page 178

Sunset Boulevard

R T A S S E R T C A W R O T C E R I D N
R S A O A R E M A C P W D H G R S T O S
G R E P O R T E R E D R U M N A I P O W
A N R R A C N E D L O H M A I L L I W B
R S I H U R I U G Q U K X J L A L R Y J
A N T P N T T U A N P D O Z R T I C L K
G E T S P D C M M O O R T S E U G S L J
E W A C M O V I E S T A R K Y X E K O F
C Y L R F L H M P N K V F K A E O C H P
R E F E A H C S Y T T E B F M D J A B W
E A T E M A N S I O N L J C N O U B K P
D R O N E K A X I V P U E S O L C E B P
I S S W I M M I N G P O O L V Q D M A X
T E B R N O I S S E S B O M X J H O E H
O V Y I Y E S A C E T T E R A G I C N H
R E L T U B D N O M S E D A M R O N N B
S J R E S A C R I A T S S E N D A M U Q
W A P R O J E C T O R N Z A B W J P U O
P S F W Z W S O O I D U T S G T R K B R
W G L O R I A S W A N S O N E S A S S M

ACTRESS
APARTMENT
BETTY SCHAEFER
BUTLER
CAMERA
CARD GAME
CIGARETTE CASE
CLOSE UP
COMEBACK
CREDITORS
DEBT
DIRECTOR
FAME
FLAT TIRE
GARAGE
GLORIA SWANSON
GUEST ROOM
HOLLYWOOD
JOE GILLIS
MADNESS
MANSION
MAX VON MAYERLING
MOVIE STAR
MURDER
NEW YEARS EVE
NORMA DESMOND
OBSESSION
PARAMOUNT PICTURES
PARTY
PROJECTOR
REPORTER
SCREENWRITER
SCRIPT
SHOPPING
STAIRCASE
STUDIO
SUNSET BOULEVARD
SWIMMING POOL
TUXEDO
WILLIAM HOLDEN

Solution on page 178

On the Waterfront

U K K X W D T X O G K G Q Y D K U Q B A
R H W R L I Y V H Z K M B T P K X G S C
V H H X B W T N O R F R E T A W R G F B
J Y R X N P Y N O K O L K D N V A I A P
B J F A M I L Y E O P O G T H M S O T B
N S O P O G W G K S T N T M A F I A H J
B H D H D E H L N E S G Z M N X B S E I
I C N M N O Y P R I E S T G D L I X R A
J R A R E N C R H H X H K C L R O C B C
Q U R T D S Y K N O U O T A I O A L A D
F H B P L M M F S L M R B M N I V E R B
D C N X A U Y P R I Z E F I G H T E R X
D W O L M E V O Q I S M L Q W Y I J Y D
R J L U L U B N R A E A T E Y S Z C K T
A O R L R R N E B C O N F E S S I O N H
Y Z A E A T D I J X T I D K K S A B V L
P F M H K R R O O F T O P L R C P B M I
I T D S U B P O E N A S N T Y T A I X X
H K B M Z A L V O U U K A E U Q O J U B
S S Z S G N I L B M A G N I D D E W H E

ALLEY
BASEBALL BAT
BOXING
BROOKLYN
CHURCH
CONFESSION
COURTROOM
DOCKS
FAMILY
FATHER BARRY
FIGHT
GAMBLING
GLOVE
GUN
HARBOR
HOMELESS
IRISH
JACKET
JOHNNY FRIENDLY
KARL MALDEN
LEE J COBB
LONG SHOREMAN
MAFIA
MARLON BRANDO
MURDER
NEW YORK
PANHANDLING
PIGEONS
PRIEST
PRIZE FIGHTER
ROOFTOP
SHIPYARD
SUBPOENA
TAXI CAB
TERRY MALLOY
UNION
WATERFRONT
WEDDING
WITNESS

Solution on page 179

Vertigo

T U O F G C S H I P Y A R D B Q M N W P
R S G T O P G E M P V E T A Z U Z G F H
O S B B R R V O P O L I C E I T T O C S
O H A Q A A E D O O W E I R O J R A M Q
F A E N R R N S S U R V E I L L A N C E
T I T G F R B C T N C G C J E V W D R V
O R T L D R W A E R E W O T L L E B O I
P S Y C H I A T R I C H O S P I T A L T
C A L I F O R N I A N C F D C J S X E C
K L I K K G S B C F B A C M O D S S H E
F O S M A D E L E I N E E L S T E R C T
Q N M U R D E R M T S B L N E R M E A E
K A P P S T G Z M K A C V G W E A W B D
R A U Y T U V E R T I G O Y E I J O J C
L C V E S I P A I N T I N G N D O L M H
A C R O P H O B I A A T D E P M D F U U
Z S N U N Y L N O T R A B Y D U J E E R
Y R E T E M E C A L K C E N U L L G S C
C W F A L L I N G E R O T S K O O B U H
J D P M S M I K X K A R H F A V S G M A

ACROPHOBIA
BACHELOR
BARBARA BEL GEDDES
BEACH
BELL TOWER
BOOKSTORE
CALIFORNIA
CEMETERY
CHURCH
DETECTIVE
FALLING
FLOWERS
FOREST
GOLDEN GATE BRIDGE
GRAVE
HAIR SALON
IMPOSTER
JAMES STEWART
JOHN FERGUSON
JUDY BARTON
KIM NOVAK
LETTERS
MADELEINE ELSTER
MARJORIE WOOD
MURDER
MUSEUM
NECKLACE
NUN
PAINTING
PHOBIA
POLICE
PSYCHIATRIC HOSPITAL
ROOFTOP
SAN FRANCISCO
SCOTTIE
SHIPYARD
SURVEILLANCE
TRANCE
VERTIGO

Solution on page 179

A Streetcar Named Desire

N T X Y N E I G H B O R R S N M L T P T
Q P C F H T G O P O K E R A M P M T W D
D A R K G N U Y A D H T R I B M R N T P
A O Z I I S J M D C L N Y L N A L A Y T
F A H T E K K J A Z Z U S O O C L R Y V
H Q A W L E S E E R G H K R W H E U J H
O D I H N W T L U K R M S S J I H A E D
K F N V E T E R A N W I D O W N C T C O
E S M Y I K S L A W O K A L L E T S N C
G R A C V T S Z U B O X N G X S I E A T
A E R T I Z T Y U L Q K N V E H M R T O
G T L P V F R D P U V J Y C L O D Y I R
T S O U T H E R N B E L L E V P L W R G
R I N R K H E V E T S N A E L R O W E N
O S B K C G T L O H O C L A R N R S H I
M V R N N M C L W G O P Y X T R A I N L
Y F A A O G A N A I S I U O L H H T I W
B L N B W K R L N L N K H Q D N J M S O
B C D O C Q P E N G A G E M E N T Q I B
Y R O T C A F C V Q I J L A T T K P V T

ALCOHOL
BANKRUPTCY
BIRTHDAY
BLANCHE DUBOIS
BOWLING
CARD PLAYING
DATING
DOCTOR
ENGAGEMENT
FACTORY
HAROLD MITCHELL
HOUSEWIFE
INHERITANCE
JAZZ
KIM HUNTER
LIGHT BULB
LOUISIANA
MACHINE SHOP
MARLON BRANDO
MARRIAGE
MORTGAGE
NEIGHBOR
NEW ORLEANS
PREGNANCY
POKER
RESTAURANT
SAILOR
SISTERS
SOUTHERN BELLE
STANLEY KOWALSKI
STELLA KOWALSKI
STEVE
STREETCAR
TEACHER
TRAIN
VETERAN
VIVIEN LEIGH
WIDOW

Solution on page 179

Mr. Smith Goes to Washington

R L H C E E P S C I H T E C N E D I V E
R E O J A M E S S T E W A R T H X V Z N
E N Y E E T T I M M O C M S I L A E D I
T G S W F F P M A R C H I N G B A N D A
R L N E A Q F F P O L I T I C S Y V L P
O I I I S L E E P D E P R I V A T I O N
P B V N D T R F R E P A P S W E N C N O
E E K P C L A R I S S A S A U N D E R S
R R I S D O I N U L O T S E T O R P A I
F T S R N Q L U D H I N C Q G R T R D R
Q Y C E O I W N B I T B S O L C D E R R
E C O G T L A G M L N R U M N N Z S A A
S M R N G M Y R O E O G A S I G V I W H
C A R A N O S A E V M T R N T T R D D H
A R U R I N T E T D E O I U A E H E E P
N G P Y H U A Q N M U R R P L E R N S E
D E T O S M T H G A I A N I A E J T X S
A L I B A E I J J E T J L O A C S I E O
L E O F W N O I T A N O D C R L J E L J
S T N E M T N I O P P A R N O E G I P O

APPOINTMENT
BOY RANGERS
CAPITOL BUILDING
CLARISSA SAUNDERS
CLAUDE RAINS
COMMITTEE
CONGRESS
CORRUPTION
DONATION
EDWARD ARNOLD
ETHICS
EVIDENCE
FILIBUSTER
GOVERNOR
IDEALISM
JAMES STEWART
JEAN ARTHUR
JEFFERSON SMITH
JIM TAYLOR
JOSEPH HARRISON PAINE
LAWYER
LIBERTY
LINCOLN MEMORIAL
MARCHING BAND
MONUMENT
NEWSPAPER
PIGEON
POLITICS
PROTEST
RAILWAY STATION
REPORTER
SCANDAL
SENATOR
SLEEP DEPRIVATION
SPEECH
STANDING RULES
TELEGRAM
VICE PRESIDENT
WASHINGTON DC

Solution on page 179

CHAPTER 14: Laughter Is the Best Medicine

Tommy Boy

O G Y H S I R A B L U A P I R T D A O R
S S E R T I A W G U Q W R O B L O W E Y
Y T L Q E T A U D A R G E G E L L O C L
L R R Q M E O M D A N A Y K R O Y D H A
R A A Z U G D H M K S A L E S M A N I V
E S F C F D A V I D S P A D E F S I Y I
V H S H R I M P C O C K T A I L T W K N
E B I N E D Y A H D R A H C I R R E S R
B A R O P R E N E H S E R F R I A C N A
S G H G E F B B L C N A C L I O M I I C
A U C N E A Q I L B O D E R E K S F L R
I A A I R C V I E C I A O Q X Q T F A A
L R M P T T P X B H T Y Z I H L E O Z S
I A O P E O F B R I A N D E N N E H Y H
N N T I N R C N O N T N C G B B R C A T
G T G T I Y Y Y C M S J C E Q R T M R E
S E I W P I F V K D S N H O T P S U N S
F E B O M M C N A H A L L A C Y M M O T
T A O C E L T T I L G S D A P K A E R B
V A U T O P A R T S P I H C T N I A P W

AIR FRESHENER
AUTO PARTS
BEVERLY
BIG TOM
BO DEREK
BREAK PADS
BRIAN DENNEHY
CARNIVAL
CLIP ON TIE
COLLEGE GRADUATE
COW TIPPING
CRASH TEST
DAN AYKROYD
DEER
CHRIS FARLEY
DAVID SPADE
FACTORY
GAS STATION
GUARANTEE
HERBIE HANCOCK
LITTLE COAT
MICHELLE BROCK
OFFICE WINDOW
OHIO
OIL CAN
PAINT CHIPS
PINE TREE PERFUME
PAUL BARISH
RAY ZALINSKY
RICHARD HAYDEN
ROAD TRIP
ROB LOWE
SAILING
SALESMAN
SHRIMP COCKTAIL
STREET SMARTS
TOMMY CALLAHAN
TRASH BAG
WAITRESS

Solution on page 180

Bruce Almighty

N W J I M M Y H O F F A D E B B I E G I
A P P J R D O S O L A R E C L I P S E L
V V H B E I F R Y E R R A C M I J L B V
S K O U E N G A G E M E N T O P P L F M
W R T F G E N T E A C H E R U U R A S A
E O O F E R P I Q V N S K G N O A F T J
N L A A L A M F F U T F S P T S Y A E C
R Y L L E N N O C E C A R G E O E R V I
E A B O C I J C N I R O E E V T R A E F
P B U D T X W I H K M A N M E A B G C F
O K M E R T B I I O E J N A R M E A A A
R C S E I A O C T O R Y I I E O A I R R
T A E F C C B I R C S R W L S T D N E T
E J U E I M O A R T Z Z Y E T T S P L V
R B L V A N Q D K S G B R C H B O H L K
D I V I N E I N T E R V E N T I O N D Y
F S E L C A R I M G R E T X A B N A V E
S U S A N O R T E G A Y T R O T I N A J
W R E G A P O S T I T N O T E S M A K E
R O N O D D O O L B N A L O N E C U R B

ANCHOR
BAKERY
BIGGEST COOKIE
BLOOD DONOR
BRUCE NOLAN
BUFFALO
DEBBIE
DINER
DIVINE INTERVENTION
ELECTRICIAN
EMAIL
ENGAGEMENT
EVAN BAXTER
FILE CABINETS
GRACE CONNELLY
HOBO
JACK BAYLOR
JANITOR
JENNIFER ANISTON
JIM CARREY
JIMMY HOFFA
LIVE FEED
LOTTERY WINNERS
MIRACLES
MONKEY
MORGAN FREEMAN
MOUNT EVEREST
NEWS VAN
NIAGARA FALLS
PAGER
PHOTO ALBUMS
POST IT NOTES
PRAYER BEADS
PROMOTION
REPORTER
RIOT
SOLAR ECLIPSE
STEVE CARELL
SUSAN ORTEGA
TEACHER
TOMATO SOUP
TRAFFIC JAM

Solution on page 180

Meet the Parents

F G K M E P G A A T N T Q D B R M S R V
K N R C K U A T O I L E T E R I P O L O
V B D T Y P Z Z J Z V I L F J G X I L L
B Q Z D J K E V I N R A W L E Y L M O L
H P G N I R B L O O P G N I M M I W S E
V A T F G N O R E K C O F G E R G E T Y
C M R N F T A B T N Y I N H A A B S L B
Z B P O E M D B E S K I A T A L P A U A
G Y H Z B M Q V Y R V N L A Y Q P Q G L
U R B S P E E D O R T A A T G J T L G L
E N E D S R D G A D N D H T E E W X A R
S E N R Y B K C A J C E E E C A N Y G E
T S S I N Z D K Q G D C S N F I C T E H
R R T T R O P R I A N Y M D I J T H C E
O U I D O V J I N X I E N A R R T P E A
O N L W Y F X N O S L I W N E W O A E R
M E L I E D E T E C T O R T E S T K X S
V L E S U R V E I L L A N C E D J G J A
S A R A C N E E R G Z P P R O P O S A L
Z M F Q D R C Z L H F V A O U Y M W M K

AIRPORT
ALTAR
BEN STILLER
BLYTHE DANNER
CIA AGENT
DEBORAH
DENNY
DINA BYRNES
ENGAGEMENT
FIRE
FLIGHT ATTENDANT
GAZEBO
GREG FOCKER
GREEN CAR
GUEST ROOM
JACK BYRNES
JINXIE
KEVIN RAWLEY
LIE DETECTOR TEST
LOST LUGGAGE
MALE NURSE
OWEN WILSON
PAM BYRNES
POEM
PROPOSAL
REHEARSAL
RING
ROBERT DE NIRO
SEPTIC TANK
SPEEDO
SURVEILLANCE
SWIMMING POOL
TEACHER
TERI POLO
TOILET
URN
VOLLEYBALL
WOOD CARVING

Solution on page 180

Overboard

E S O H N E D R A G N I L K C I T D T A
R N J F P O Z A I S E N M A F H K H E K
I E Y S R O T N E V N I Y M O K U B S A
A R Q K G Y N Y E S R U O C F L O G O O
N D W E O G I L A T I P S O H W W R L N
O L H E L I M A T T R E S S L E E X C O
I I C T D C H A I N S A W I R H N W L S
L H U S I D T O N C X T N D S I G O I I
L C O H E N I H C A M G N I H S A W F O
I X C O H T D N D L A A U A C X P I E P
M H A O A T E V G L E G M A R M M D J J
F E R T W I N S L R N R V M Y G A O A S
Y L P I N J L E A I I I R Q W T H W C C
C K E N O T Y A T S A N N A O J C E K A
H S N G O N C X T R Y D G M B D P R E R
I N T N O G E R O B I L L Y P R A T T E
C O E O D E A N P R O F F I T T E O J C
K U R T R U S S E L L Q X Y A C H T Y R
E T T I F F O R P E I N N A K H C Y A O
N P F L A T B E E R D R A O B R E V O W

AMNESIA
ANDREW
ANNIE PROFFITT
BILLY PRATT
BOWLING ALLEY
CARPENTER
CAVIAR
CHAINSAW
CHEAP CHAMPAGNE
CHICKEN
CHILDREN
CLOSET
COUCH
DEAN PROFFITT
EDITH MINTZ
ELK SNOUT
FIRE EXTINGUISHER
FLAT BEER
GARDEN HOSE
GOLDIE HAWN
GOLF COURSE
GRANT STAYTON
HOSPITAL
INVENTOR
JOANNA STAYTON
KURT RUSSELL
LIFE JACKET
MATTRESS
MILLIONAIRE
OREGON
OVERBOARD
POISON OAK
SCARECROW
SKEET SHOOTING
TICKLING
TWINS
WASHING MACHINE
WATER BARREL
WEDDING RING
WIDOWER
YACHT

Solution on page 180

Dumb and Dumber

F H Y N H O T D O G S R E P P E P Y C M
P O I S O N O S N A W S Y R A M O N E Y
V L A U R E N H O L L Y S O D E X U T N
B A S E V O L G R E M O O R G G O D Q E
R X M N K I G N I C H O L A S A N D R E
E A O E I Y E N N U D Y R R A H R G J R
N T S S B A A M T O I L E T M I A B K P
I I N A R D T R O P R I A E T S W G I S
D V A C F E A N N O Y I N G S O U N D G
T E R F T H C X U D N T Y T I D T A N N
W V E E F T Y I R O A L A I R C T V A I
O J V I I F Y S F L M T A I H I S G P P
R D I R L O E E E F I Y B N C M A O P P
M E R B I P R A N O O D K T D E Q D I O
S P D E K U R B N E A E A C Y I Q B N H
T O O N S O A A W E P C C J O V N Q G S
O M M E X S C S D H S S H I L R N G F R
R K I F Y R M S N O W B A L L F I G H T
E N L I Y H I C E L A N D I C O W L E K
N B G T Z G J H T O O B E N O H P S E K

AIRPORT
ANNOYING SOUND
ASPEN
BENEFIT
BRIEFCASE
DEAD BIRD
DINER
DOG GROOMER
DOG VAN
GAS STATION
GLOVES
HARRY DUNNE
HOTDOGS
ICELANDIC OWL
JEFF DANIELS
JIM CARREY
KIDNAPPING
LAUREN HOLLY
LAXATIVE
LIMO DRIVER
LLOYD CHRISTMAS
MARY SWANSON
MENTAL
MONEY
MOON LANDING
MOPED
NICHOLAS ANDRE
PEPPERS
PHONE BOOTH
POISON
POLICE OFFICER
RANSOM
ROCKY MOUNTAINS
SEA BASS
SHOPPING SPREE
SKI LIFT
SNOWBALL FIGHT
SOUP OF THE DAY
TIC TACS
TOILET
TUXEDOS
WORM STORE

Solution on page 180

Parenthood

E X G R U N Y L I R A M T C M D G S E T
S U S A N P A R E N T H O O D K N L I Y
Y O Z C M Z L D J A N Q J U S T I N K H
H E L E N B P U Y P I C T U R E S A E B
X Z P C B I L L H O T R E H S U I H V N
R W I A M I O I Y A B O F S Q N T T I P
F Q N R E R O Y N R U W E E F F R A N K
B Q B D E M H L I G R B O B C R E N A O
I E P R U T C I I E P A I C Y C V M H J
G S R I D M S M T T M R G A R W D T E S
E A L V Z Q I A T E T A O N R N A B L I
I E S E P Z I F O H K L R B A B R F M M
H S X R R N A N D C H E E R L E A D E R
D V I D E O C A M E R A G L I E Y T T M
S O K R G P Y M F G O E A R E A M T H R
F I A Z N P T K T Y H B L F O A G I A X
X K N K A G T C R X E C O L L E G E O Y
J Q B R N C A U I S L A C O O B G U Z D
J J T O C Z P B A Y R X K D P R I X E G
R Y V W Y N P B H R C V S N Z Y T S W C

ADVERTISING
BASEBALL BAT
BIRTHDAY PARTY
BUCKMAN FAMILY
CHEERLEADER
COLLEGE
COWBOY DAN
CROW BAR
FRANK
GAMBLING PROBLEM
GARRY
GEORGE
GIL
GRANDMA
HELEN
HELIUM
HELMET
JULIE
JUSTIN
KAREN
KEVIN
LARRY
LITTLE LEAGUE
LOCK
MARILYN
MARRIAGE
NATHAN
PARENTHOOD
PATTY
PICTURES
PIZZA
PREGNANCY
RACE CAR DRIVER
RETAINER
ROLLER COASTER
SCHOOL PLAY
SUSAN
TAYLOR
TOD
USHER
VIDEO CAMERA

Solution on page 180

Airplane!

R Y J T C G Y E X E A W Y Y D J T E Q B
T E T H E L M E R M A N S E I Q I Q V A
G O L F J J E C Z T B Q M V Y E T D I U
N C L L A B T E K S A B E N O B M O R T
I A C I O A I P O D L I H C K C I S U O
T R O G E R M U R D O C K U M O C T S P
A D C H M K T E D S T R I K E R Q U G I
E P K T I Q I N F L A T A B L E D O L L
W L P A R U E V O N I A T P A C I C U O
S A I T K C I R T C I G A M W N F S E T
R Y T T V V P P E A C E C O R P P L S Y
E I M E L B O R P G N I K N I R D R N E
G N I N O S I O P D O O F J Q Y L I I K
N G U D C B D T J L W W A F Y S A G F S
E N S A S S R E T R A U Q D A E H H F O
S N G N I C N A D K C A M U R R D R I R
S Q I T D I C E R A W R E P P U T P N C
A A N A L A N D I N G U I T A R P R G C
P Y U V L A T I P S O H Y R A T I L I M
S H I R L E Y F S I I B E N A L P R I A

AIR TRAFFIC CONTROLLER
AIRPLANE
AUTOPILOT
BASKETBALL
CAPTAIN OVEUR
CARD PLAYING
COCKPIT
DANCING
DISCO
DR RUMACK
DRINKING PROBLEM
ELAINE
ETHEL MERMAN
FLIGHT ATTENDANT
FOOD POISONING
GIRL SCOUTS
GLUE SNIFFING
GUITAR
HEADQUARTERS
INFLATABLE DOLL
IV LINE
JIVE
LANDING
MAGIC TRICK
MCCROSKEY
MILITARY HOSPITAL
NUNS
PASSENGERS
PEACE CORP
PILOT
ROGER MURDOCK
SHIRLEY
SICK CHILD
SWEATING
TED STRIKER
TROMBONE
TUPPERWARE
VIRUS

Solution on page 181

Just Friends

D U S T Y D I N K L E M A N I D O C I V
K L Z I S G J A N N A F A R I S A V B Z
U G D L U I S A I R E T A I N E R S D H
O O I I O F T E M B P O R S C H E O C I
T W T V Y Z L N L I O Y B A B M C N H G
P A N C A K E S E E E A L R A D U G R H
R A M Y S M A R T D G P K J U L D W Y S
N N W I Z H D M R E D N A R B L O R A C
F O R G I V E N E S S H A L A O R I N H
X H O T R D A Y D A T E U S A L P T R O
C H U B B Y B U N N Y H C I O M C E E O
D N F A P R I V A T E J E T J L I R Y L
A Y E K C O H M R T O H S P A L S N N O
Q B R E D N A R B E K I M R Z P U B O N
N U G R E S A T S H O P P I N G M A L L
S E R U T C I P I C E S K A T I N G D U
E N O Z D N E I R F E B O L G W O N S F
Y E A R B O O K H Y E S R E J W E N J A
S A M T S I R H C T O O T H P A S T E M
W Z D E W T N P A M B U L A N C E X N L

AHI TUNA
AMBULANCE
AMY SMART
ANNA FARIS
BABY OIL
CAROL BRANDER
CHRIS BRANDER
CHRIS KLEIN
CHRISTMAS
CHUBBY BUNNY
CLARK
DARLA
DAY DATE
DENTIST
DUSTY DINKLEMAN
FORGIVENESS
FRIEND ZONE
GUITAR
HIGH SCHOOL
HOCKEY
ICE SKATING
JAMIE PALAMINO
LOS ANGELES
LUNCH
MIKE BRANDER
MUSIC PRODUCER
NEW JERSEY
PANCAKES
PICTURES
PORSCHE
PRIVATE JET
RETAINER
RYAN REYNOLDS
SAMANTHA
JAMES
SHOPPING MALL
SLAP SHOT
SNOW GLOBE
SONG WRITER
TASER GUN
TOOTHPASTE
VICODIN
YEARBOOK

Solution on page 181

Blazing Saddles

R I Q O C T G R N W O Y P T R B K B W K
J E O B Q T P E M K H B E R I F P M A C
V O T H R E W W O U H M A B D O F Y N O
U M H A S A L O O N S M C C T O X G C W
O P B N E E W T C M A I R V K P J N E B
X N B G S H B L T L V E C H E S S C U O
S N K I U O T L Y I D Y N A M I T E J Y
M R B N G T N E J L L A B E L D D A P S
K E S G J B L B I I H N Z Y X M I N G C
S T F I E D A W D V W P O J O L I S G E
S S T U E M E N E O O H I V C S K S T L
F E I H C N A I D N I M I E A R H J R I
G W A D E S E R T S T E L T F E O L A M
D V D G K L E V O H S L W Z E I L L G O
Y Z X C B B U T H T A B C P T H G C G U
E M I U A Z I O U U T R N S E V O H A S
G U Q V O D Z D L P G O V E R N O R T I
Q P K I K V I P O P C O R N I F A B S N
A G F S A O N P P C Y K Z H A I C H J E
K E V S E A U P G G Z S H E R I F F V M

BACKSTAGE
BART
BATHTUB
BELL TOWER
BIG BAND
BRAWL
CAFETERIA
CAMPFIRE
CHESS
CLEAVON LITTLE
COWBOYS
DESERT
DYNAMITE
GENE WILDER
GOVERNOR
HANGING
HEDLEY LAMARR
INDIAN CHIEF
JAIL CELL
JIM
JOHNSON
LILI VON SHTUPP
LIMOUSINE
MEL BROOKS
MOVIE STUDIO
MOVIE THEATER
MUSICAL
PADDLEBALL
PIE FIGHT
POPCORN
QUICKSAND
SALOON
SHERIFF
SHOVEL
SPOOF
TAGGART
WESTERN
WHITE HORSE

Solution on page 181

Happy Gilmore

L R G R A N D M A W D G F O D R W S D J
E C O R I D A S G G N I T T U P R L S F
O U L P A E N D L E S S L O V E A M I P
I F F O G N I E E T B L T A L N B O Z M
A F C J W A V Z F B V F E K O X T V Z Y
V P L R S N A I U O L J C D L T R E L T
L B U O K B G H F O R E C L O S U R E F
Z G B T G H C H G M H M N T A X E S R R
P C E A T E M O W W R E K R A B B O B Z
M A M G S B R O K E N B O T T L E Y J N
I D O I E P E U H A P P Y G I L M O R E
K D H L T N T P T E K C A J D L O G H G
P Y G L A A O A D A M S A N D L E R A A
K E N A K T O N W D I E T C O K E W N W
G K I F S E H C I W D N A S Y A W B U S
L C S I E N S B W E C A I N I G R I V K
P O R I C O R D E R L Y I M O R M I S L
U H U S I A M Z Z W O O D E N H A N D O
C T N E M A N R U O T O H S P A L S D V
K U R R E C N U O N N A C S H F S X D J

ADAM SANDLER
ALLIGATOR
ANNOUNCER
BOB BARKER
BROKEN BOTTLE
CADDY
CHRISTOPHER MCDONALD
CHUBBS
CLOWN
DIET COKE
ENDLESS LOVE
FIST FIGHT
FORECLOSURE
GOLD JACKET
GOLF CLUB
GRANDMA
HAPPY GILMORE
HECKLER
HOCKEY
HOLE IN ONE
ICE SKATES
MINIATURE GOLF
MOVERS
NURSING HOME
ORDERLY
OTTO
PRO GOLF TOUR
PUCK
PUTTING
SHOOTER MCGAVIN
SIZZLER
SLAP SHOT
SUBWAY SANDWICHES
TAXES
TEEING OFF
TOURNAMENT
VIRGINIA
VOLKSWAGEN
WOODEN HAND

Solution on page 181

CHAPTER 15: They Came from Outer Space

2001: A Space Odyssey

R E S A C Z M Z E G E S U M V Y I Z A D
I F A Q O E N O H P Y A P B I R A R V X
E S U M M R K W O B N V H P X Z J U C N
K J U T P O C S F R A N K P O O L E F O
A N U O U G I M W C H E S S D L F X P I
D R Y H T R A E U N C T V K L O Q P K T
T A E U E A E U G N I D A E R P I L N U
E V G A R V M X Q H Y K A B A J R O R L
F M I S S I O N C O N T R O L L E R M O
H S I D E T I L L E T A S E P A S A N V
Y S C J E Y R F S P A C E S H U T T L E
S E J I J O D O Y Y I Y A D H T R I B N
Y D W R E O X B N N M J H A A L E O E I
I R D A O N G U E A U S T K L B S N L T
V A Y W L F T G Q P U Q I Z V I R O E N
Q W Y D P T O I I N F T L E O L E K Y A
M E K L M Y Z T S N G M O L R I V N T R
H T Y O R Q E D J T G U N E S D I J F A
N S O C M R O T C O D E O N E H N H S U
A N E H P D A V E B O W M A N L U A Z Q

ALIEN
ANDREI SMYSLOV
APES
ASTRONAUT
BATHROOM
BIRTHDAY
CHESS
COLD WAR
COMPUTERS
CRYOGENICS
DAVE BOWMAN
DOCTOR
EARTH
ELENA
EVOLUTION
EXPLORATION
FRANK POOLE
FUTURE
HAL
HEYWOOD FLOYD
JOGGING
JUPITER
LIP READING
MISSION CONTROLLER
MONOLITH
MOON
NASA
PAY PHONE
RALPH HALVORSEN
QUARANTINE
SATELLITE DISH
SCIENTIST
SPACE SHUTTLE
STEWARDESS
UNIVERSE
VACUUM
VIDEO
WALTZ
ZERO GRAVITY

Solution on page 182

Aliens

V S P G T H U D S O N O I T C E S S I D
L K I Q O H Z O B U P R E H Z N L K L M
M I F C T G A J S C I N E G O Y R C E B
S O E B R N G Y S S E R A M T H G I N V
W K D U D I S C I N O Y R C B I S H O P
F P X R T D S E G S V H S U B M A E R T
N J O Y R E G N O T X A P L L I B N O F
D I C A N E N K U T Z I S E L C P Y L A
D A M I W R S A R P Z F P Q K H N A C R
X Y R P U B M I N Y M L A K U A M W A C
D A E K R U B R E T R A C C G E R D S E
M P F L N E W T Y R G E E R T L Z D B C
I G O S P E G W W X L O T H O B P J S A
S C L O R I S N E C H U R A T I A W N P
S O L D I E R S A Q H O A M W E R A O S
I M D Y J F N N V T W C V P A H A R P C
O B J H O E F G E E I V E Q I N S Y A W
N A M A I X O F R L C O L O N Y I G E W
P T I L N X B Y G O L O N H C E T A W Z
T H A N D G R E N A D E S C A P E D J Z

ACID
ALIENS
AMBUSH
ANDROID
BILL PAXTON
BISHOP
BREEDING
CARTER BURKE
COLONY
COMBAT
CRYOGENICS
CRYONICS
DARKNESS
DISSECTION
DRAKE
DWAYNE HICKS
ELLEN RIPLEY
ESCAPE
FLAME THROWER
HAND GRENADE
HUDSON
IMPREGNATION
LIEUTENANT GORMAN
MARINES
MICHAEL BIEHN
MISSION
NEWT
NIGHTMARE
PARASITE
PAUL REISER
SIEGE
SIGOURNEY WEAVER
SOLDIERS
SPACE TRAVEL
SPACECRAFT
TECHNOLOGY
VASQUEZ
WARRIOR
WEAPONS

Solution on page 182

Signs

N O I S I V E L E T E L E S C O P E F W
O F E R O T S K O O B O H E S S I J L I
S P E N N S Y L V A N I A G S I O F A D
B D Q I Z U T A B L L A B E S A B G S O
I O Y D D E R Y A R S I H U Q A E C H W
G E X O R B M I B T D M E U X R B A L E
L J B F T O V Y H U A L I N M M U R I R
E Q E F N A C M P H C N S A S Y T A G U
M N I I E R A E A A P K N K B R C C H A
E C T C M D L R R H N S S I J E H C T C
R O R E E E G I O T H T C C M C E I I T
R R O R S D M E C E U O R N O R R D A E
I N R P A W N W P T L O I Y X U K E F S
L F Y A B I G A I L B R E S L I N N K G
L I C S X N R B E M W C U K I T I T F N
H E U K P D N E R E V E R M I E F E Y I
E L L I S O N A S E S S A L G R E T A W
S D K Q M W F T I N F O I L H A T S O S
S S I J B S Y C R O P C I R C L E S G V
C C N S S E H N A G R O M I N H A L E R

ABIGAIL BRESLIN
ALIENS
ARMY RECRUITER
ASTHMA
BABY MONITOR
BASEBALL BAT
BASEMENT
BO HESS
BOARDED WINDOWS
BOOK STORE
BUCKS COUNTY
BUTCHER KNIFE
CAR ACCIDENT
COLLEEN
CORN FIELDS
CROP CIRCLES
FAITH
FARM
FLASHLIGHT
GERMAN SHEPARDS
GRAHAM HESS
INHALER
JOAQUIN PHOENIX
MEL GIBSON
MERRILL HESS
MIRACLE
MORGAN HESS
OFFICER PASKI
PANTRY
PENNSYLVANIA
RAY REDDY
REVEREND
RORY CULKIN
STRIKE OUT RECORD
SWING SET
TELESCOPE
TELEVISION
TIN FOIL HATS
WATER GLASSES
WIDOWER

Solution on page 182

Men in Black

T X P C Y G C Y C O Y A K T N E G A V E
V C O G G A Z L C S C G F D G O D G U P
K O S D O E S T I U S K C A L B T E V E
T C T B L G T E K C I R C Y S I O N X P
A K C T O N N D N N S V R A E A R T H G
B R A E N I I E W O D T O R V N E J S O
L O R Z H H R Z T N J R I Q C R N A P V
O A D D C T P F R I U E A U M V Y Y A E
I C S R E Y R E O T C L E I R X Q D C R
D H B E T H E I P N I S N L A C N R E N
S T E Z D S G H S E O A E L Y O E Z C M
E I E Y Y A N C N R T D A I M M I R R E
S M J L E L I S A O F G T A K N M M A N
S S K A U F F G R I E O I N O O C O F T
A L C R G A D P T F Z D W B E K O I T O
L L A U R E L W E A V E R A R C E R X U
G I J E O O G W H D N A T T A H N A M R
N W W N M T D P Y N C Z D T G F I I C B
U R E C U A S G N I Y L F L D E J A V U
S N U G C I T C A L A G R E T N I K O S

AGENT JAY
AGENT KAY
ALIENS
ARQUILLIAN BATTLE
BLACK SUITS
CARBONIZER
CAT
CHIEF ZED
COCKROACH
DÉJÀ VU
DIAMOND
EARTH
EDGAR
EXTERMINATOR
FINGER PRINTS
FLASHY THING
FLYING SAUCER
GALAXY
GOVERNMENT
INTERGALACTIC GUNS
JACK JEEBS
LAUREL WEAVER
LINDA FIORENTINO
MANHATTAN
MORGUE
NEURALYZER
NOISY CRICKET
NYPD
POSTCARD
PUG DOG
RECRUITS
ROOKIE
SPACECRAFT
SUNGLASSES
TABLOIDS
TECHNOLOGY
TOMMY LEE JONES
TOUR BUS
TRANSPORT
VINCENT DONOFRIO
WILL SMITH

Solution on page 182

War of the Worlds

D Q O U O R E T T U B T U N A E P Y Y A
X M K Y P A S H E S S H O T G U N P F I
K A N L X C X Q A T A O B Y R R E F L R
F R L I G H T N I N G N O I S A V N I F
X Y O N J E D S D L E I H S C I L V D O
R A R C A L T G G C D V Q H A R L A N R
G N L O K F R L E V O H S N R S K M Z C
S N D L R E K R O W K C O D M O Y A H E
F E R N N R T L R X H I N I T E E J R S
Y C N A I R P L A N E C R A S H M C N I
N N D V R I W E A I S A F R U I D I O U
X E S E A E T P B U N A E E N D B F T R
V T D N M R P B L D N J K I W B E F S C
G A O U M S O H A N W C V R O A J A O M
C N P E I R Y O I E K A H R I V E R B O
C K I O R T T N N T N E M E S A B T G T
M S R R R T G E R U L I A F R E W O P Y
Q K T P O I M I L I T A R Y B A L L U L
H S P G R B Z X B A S E B A L L E Z V S
G T D B Q F R E P O R T E R G N M A B Y

RACHEL FERRIER
RAY FERRIER
REPORTER
RIVER
ROBBIE
ROCKET LAUNCHER
SHIELDS
SHOTGUN
SHOVEL
TANKS
TIM ROBBINS
TOM CRUISE
TRAFFIC JAM
TRIPODS
VAPORIZE

AIR FORCE
AIRPLANE CRASH
ASHES
BASEBALL
BASEMENT
BOSTON
DAKOTA FANNING
DOCK WORKER
FERRY BOAT
HAND GRENADE
HARLAN
INVASION
LIGHTNING
LINCOLN AVENUE
LULLABY
MARY ANN
MILITARY
MINI VAN
MIRANDA OTTO
MIRROR
NEW JERSEY
PEACH SCHNAPPS
PEANUT BUTTER
POWER FAILURE

Solution on page 182

The Day the Earth Stood Still

L A T I P S O H Y R A T I L I M U E U J
L A N D R O I D C S R X D P Q F L C X E
T H I L L Q U A R A N T I N E L T C J P
G N Y R K T U W W O P E K I M Y I E F P
D E T G O X C D S S Y A V D N I M Q R W
R F U B U M L N F S P S T E O N A U I F
A C O D K O E Q C N C H B I T G T A H N
O R K I C B C M J E G I O X G S U T A T
B A C D N O T G N I H S A W N A M I R I
K R A E L C U N L L R B R V I U Z O O P
L T L I H T N H W A O P D C L C G N T R
A E B H R F S F I B D C I I R E Y S A O
H L Y X J A C O B B A R N H A R D T V T
C E G T L R W Y E C S G G I B M H S E E
L V C F V C B P U W S F H U L Z O F L S
I I T I D E A T H R A Y O F P L A N E T
N S X G N C A V J E B Q U A D D T I D A
A I K S S A J X E O M R S B A R L E Y N
D O O E L P P D P E A C E M E T E R Y K
G N W K T S I T N E I C S O L D I E R S

ALIENS
AMBASSADOR
ANDROID
ARLINGTON
BLACKOUT
BOARDING HOUSE
BOBBY BENSON
CEMETERY
CHALKBOARD
COLD WAR
DEATH RAY
DIAMOND
ELEVATOR
EQUATIONS
ESCAPE
FLASHLIGHT
FLYING SAUCER
GIFT
GORT
HELEN BENSON
HOSPITAL
JACOB BARNHARDT
KLAATU
LINCOLN MEMORIAL
MILITARY
MRS BARLEY
NUCLEAR
PANIC
PEACE
PLANET
PROTEST
QUARANTINE
ROBOT
SCIENTIST
SOLDIERS
SPACE CRAFT
TANKS
TELEVISION
TOM STEVENS
ULTIMATUM
WASHINGTON DC

Solution on page 182

Independence Day

R H J C V I R U S S E L L C A S S E E I
G N I D D E W C J T N E D I S E R P N F
V A S A U U H R S A T E L L I T E V R J
M O O N A N W O D T N U O C I G A R S E
S D Y C L E D P K U V B C X B S G S N F
Y A D E C N E D N E P E D N I A N V I F
C V A R O O O U E O M V T O S E I K T G
H I L O H Y R S Q F V S N V I R R L O O
E D T M O T O T N L Q T Z L O O N F L L
S L S T L F T I G I C E A N Y Y I O I D
S E R I I I L N D B V V M W P E H U P B
P V I H C F E G W E I E E D L R P R R L
A I F W V A Q Z L R N N L O X G L T E U
C N S N D E R O M T I H W S A M O H T M
E S T Y W R S H A Y L I M Z U A D O H D
S O Z L N A M L L U P L L I B I T F G E
H N W I L L S M I T H L B Z B L L J I S
I M S R E T U P M O C E N Y O L U U F E
P K C A P T A I N E C R O F R I A L J R
J A S M I N E S U O H E T I H W Z Y N T

AIR FORCE
ALCOHOLIC
ALIENS
AREA FIFTY ONE
BILL PULLMAN
CAPTAIN
CHESS
CIGARS
COMPUTERS
COUNTDOWN
CROP DUSTING
DANCER
DAVID LEVINSON
DESERT
DOLPHIN RING
EL TORO
ENVIRONMENTAL
FIGHTER PILOT
FIRST LADY
FOURTH OF JULY
INDEPENDENCE DAY
INVASION
JASMINE
JEFF GOLDBLUM
JULIUS LEVINSON
MARILYN WHITMORE
NEW YORK
PRESIDENT
RUSSELL CASSE
SATELLITE
SPACESHIP
STATUE OF LIBERTY
STEVEN HILLER
THOMAS WHITMORE
VIRUS
WEDDING
WHITE HOUSE
WILL SMITH
WILLIAM GREY

Solution on page 183

Close Encounters of the Third Kind

N R U B N U S E N A L P G N I S S I M Y
E L E V A C U A T I O N A M E L B A C R
L T C F T N E M N R E V O G S R T H Y A
T O G A R B A G E T R U C K I H I R S E
T G I E C A L P E R I F C G L M A T E N
A H L S C A N X E A D W H E N E R K S Y
C E L D E M L C B F I T P E N O P S M O
O L I X S O E B O F L A Y E N E U A O R
N I A E A O T O L I H W I A I F M M J H
S C N U N N V A G C S N U K Y M O S A S
P O G S D I I H T C N T S E R O F A V U
I P U P S E T A P O W E R O U T A G E R
R T I A T S L N R N P D Y U L E F S D B
A E L C O S Y A A T D D E R F L K Z E H
C R A E R N N C C R L N E C A F T F S T
Y I R S M O S E A O A E A H I T A P E O
D G G H L I O H I L M U D G S L I U R O
K A K I T S C E N L Y B Q O R A O L T T
U R H P J I U Y R E A L E N M O M P I G
K R G X R V M A E R C G N I V A H S K M

AIR TRAFFIC CONTROLLER
ALIENS
ASTRONAUT
BRIGHT LIGHTS
CABLE MAN
CATTLE
CHAPEL
CHIMNEY
CLAUDE LACOMBE
CONSPIRACY
EVACUATION
FIREPLACE
FOREST
FRANCOIS TRUFFAUT
GARBAGE TRUCK
GAS MASK
GILLIAN GUILAR
GLOBE
GOVERNMENT
HELICOPTER
MASHED POTATOES
MILITARY
MISSING PLANES
MODEL TRAIN
MOJAVE DESERT
MOTEL
ORGAN
POLICE
POWER OUTAGE
QUARANTINE
RICHARD DREYFUSS
RONNIE NEARY
ROY NEARY
SAND STORM
SHAVING CREAM
SPACESHIP
SUNBURN
TERI GARR
TOOTHBRUSH
VISIONS

Solution on page 183

Armageddon

T O K J X E N O I T A T S E C A P S J M
S K C M U V O D N U C L E A R B O M B I
I N I E M I T N D T S O R F J A C S E C
G O H N J T R U E U E E H O U S T O N H
O S C G L A O O P A L D I O R E T S A A
L L N A O D H H E N T W H L V R M C F E
O I A G A E T K N O T B Q E E E V A F L
E W M E N S B C D M U F B L T P P R L C
G N U M S E O O E S H U A E V M O A E L
H E R E H S B R N O S S O V M A W B C A
E W T N A R Y B C C P R D A S T I R K R
C O N T R O L C E N T E R N D S L U D K
A I A O K H L M N A S A O D R E L C R E
E L D L G N I L L I R D E R O C P E E D
P R V I F O B G M S S X W O W A A W T U
N I J P H A R R Y S T A M P E R T I H N
E G A S T R O N A U T K Y O V G T L G C
E W I L L Y S H A R P G O V I P O L U A
R E L Y T V I L M O D E E R F L N I A N
G A M B L I N G A R M A D I L L O S D O

A J FROST
ARMADILLOS
ASTEROID
ASTRONAUT
BEAR
BEN AFFLECK
BILLY BOB THORTON
BRUCE WILLIS
CHICK
CONTROL CENTER
DAN TRUMAN
DAUGHTER
DEEP CORE DRILLING
ENGAGEMENT
FIVE WORDS
FREEDOM
GAMBLING
GEOLOGIST
GRACE STAMPER
GREENPEACE
HARRY STAMPER
HORSE SEDATIVE
HOUSTON
INDEPENDENCE
LEV ANDROPOV
LIV TYLER
LOAN SHARK
METEOR
MICHAEL CLARKE DUNCAN
NASA
NUCLEAR BOMB
OIL RIG
OSCAR
OWEN WILSON
PILOT
ROCKHOUND
RUSSIAN COSMONAUT
SHUTTLE
SPACE STATION
STEVE BUSCEMI
WILL PATTON
WILLY SHARP

Solution on page 183

Star Wars

U U I H M U L E A G W A R P S P E E D C
Y X A L A G K L L R U E M P I R E Q L H
O Y R I E R D M E W D J F P M I U B K F
A F A M B E R B S A J E D I K N I G H T
T M I U R O A I V H M Z V H B C L P A O
N J M A O S N H S P U E C S D E U H N O
E W A I T O T E P O H D O L T S K Z S Q
W N R H C R F O K G N A K E R S E N O R
O Y G S A O I H R N L F M B E L S O L A
E I O D R B G C N M A L O E S E K I O C
L I L I T O H L S Q T W I R E I Y L R C
C N O O I T T O M L A R I M D A W L A A
N T H R C S E N U M E O O B A X A E T B
U Y K D S U R E B T N U A O O H L B S W
R B S N C E P W O O K I E E P N K E H E
Z E K A T S L A I R E P M I U E E R T H
S N S S F C A R R I E F I S H E R B A C
O G A C Z K N S X C D O P E P A C S E M
T M M H U S E T H E F O R C E X R E D F
L X H T X E N Y H T A P E L E T I O D E

ADMIRAL MOTTI
ALDERAAN
ANDROIDS
AUNT BERU
BEN OBI WAN KENOBI
CARRIE FISHER
CHEWBACCA
CLONE WARS
DARTH VADER
DEATH STAR
DESERT
EMPIRE
ESCAPE POD
FIGHTER PLANE
GALAXY
HAN SOLO
HARRISON FORD
HOLOGRAM
HOPE
IMPERIALS
JEDI KNIGHT
LIGHT SABER
LUKE SKYWALKER
MARK HAMILL
MASKS
MASTER
PRINCESS LEIA
ROBOTS
REBEL SHIP
REBELLION
RESCUE
STORM TROOPERS
TELEPATHY
TRACTOR BEAM
UNCLE OWEN
USE THE FORCE
WARP SPEED
WOOKIEE

Solution on page 183

ANSWERS

Chapter 1: It's All about the Journey

```
D T S E V I T I G U F H V K W O I S O R
R L H T E T D I V E X P L O S I O N B O
Q X A A A E F D H O B P I R T D A O R A
P O R N R T H U N D E R B I R D H D Z Y
R N T P O V E D B G N I C N A D E N I L
E N H V I D E T I N O Y N A C D N A R G
K E E S A H C Y R T N U O C S S O R C G
I L L S K G S M K O G A R K A N S A S Y
H Y M Z D B A D R E O J L N K D N S S P
H M A R G A R B N E I P M R I I I N E W
C M D E E O M A O E H T E N A Q K A R I
T I I V E M E L D N I P E R Y H C S T L
I J C I N U D S E P D R O L P H I U I D
H C K R A R R N E A I M F T E O D S A T
M R I D D D O C A R H T O S S E L G W U
E L N K A E B E J N T C T T S I Y J W R
X S S C V R B G A S O L I N E T R U C K
I L O U I S E S A W Y E R M E L R H K E
C B N R S W R Z B M U C O L S L A H C Y
O M F T W A Y E N O M R H A I R D O W N
```

Thelma and Louise

```
J J Y C Y G Q R Z S E V T S A U R O N J
P Z M W J P Q J S V F F D I X L A Z U S
P B H Q R T M N C M E R R Y E U K Q T B
H W U W L X I Z R K X O A J T E I E G M
E X Y Q S L O I O P M D G W J T V F X I
T C S E B N D R L F U O N X D I S J S W
Y G A O R L L L O V D B E U L L H E W D
E E G M A G E S I W M A S M S H I O C Z
N L C H M D E G X O S G U H O I R F P M
R U V W N N A H O F O G T K N R E T N H
U Q Y E I A R D T L T I T V A L D J E N
O I V M S I T U L E A N F D L F A O W A
J I S Q H N H U P R L S N O E C L C R M
R S P X U H M V W L Q A W A I F B H A U
Y I R O D N O G W H W S D T R R L L O R
H L M E U N N B Q O H J N N D A U H G A
I D V O G I A G B I L B O B A G G I N S
J U O H R N I P P I P H R A L G R O I G
W R N J W O A Q F L T O L V A D O A R V
B Z C M A M B R Q P F S E O G V M I M N
```

The Lord of the Rings: The Fellowship of the Ring

```
B Q R I A A J F D C S H L G M M B X S U
P A B I K E R S R O P I R T D A O R M R
E L V G I E E I J I M B E A M J K T W O
D H O H E N I D R U N K E N L A W Y E R
R N I D N O S L O H C I N K C A J F E L
I E O P L O R E S A R G S I D R A M C M
F M P R P N P G I E X T R B J X Z N O J
T C I P K I G R E I R E K I H H C T I H
E V H F O N E M Y H M V I K V U O L I T
R W S A B H Y S K A A D N O F R E T E P
F B D O T N S N N P H N H E C H D R C H
M I N A M O S I B A S R S Y T K W A I W
L L E C L I A J N R E L C O X I L G V C
V L I S L T E T E N O L R F N I H Y G K
Y Y R U P A Q D I H E B R P E W S T H N
V X F A Y T I D O S Z D W O A I D U F R
O H C R Q S S C O U N T R Y W R R P W H
W Y A T T S L X T B Y N O Z K E A E L X
J C J U W A N A I S I U O L N L N D H D
D W O N S G C I G A R E T T E S J Y E S
```

Easy Rider

```
S T E N A L P M E A S L E S Z C M Q B L
S K N A H M O T W M S U R V I V A L I A
O M A I W O T U A N O R T S A U N L O U
R D V T R E G I W S K C A J T D E E M N
S N A D H B S I R R A H D E M N G V E C
L L E V O L N Y L I R A M P O O Y O D H
K R S L I V E B R O A D C A S T X L S A
S Z I J L R E E H O N O R T P X O M N L
K E N M A T T I N G L Y E T H A T I O L
R R I Q B T R Y O O N T V C E P E J I E
E O S B E R I F I A U C E U R L C U S N
T G Y R U O H T S E N I F D E L H Y O G
S R R N O I T A S N E D N O C I N I L E
A A A X P E O N I C F U Q L C B I K P N
S V G Q W A L O M Y O M I H A N C T X E
I I M O O R L O R T N O C A B N I V E K
D T F P L T O M A R G O R P E C A P S R
G Y E I C H P P N H A C C I D E N T D A
L I F E B O A T U F R E D H A I S E G N
O Q U S L L E C L E U F H O U S T O N Z
```

Apollo 13

```
I K X A T I C K E T S I U O L T S V B L
F R N S U S A N P A G E G A P L A E N B
J O U U B X W I A D V E R T I S I N G F
G Y M O R I T A R B B U R N E D C A R H
Z W C M S T H R K L N F T E L Y N D W I
C E H Q C S G T A A I B H M M E I A I G
E N A K U T I Y V B K R A E H N T T C H
C X T B H A L M E B M I N E E O R L H W
I G T S T T F O N E O E K R N M A V I A
G K Y L I E D G U R O F S G N N M I T Y
A Y C E F T E A E M R C G A I E E L A W
R D A W F R L C O O L A I L D L V L D A
E N T O I O E I N U E S V A O O E I E L
T A H T R O C H B T T E I T O T T N G L
T C Y T G P N C S H O L N N W S S O A E
E N D E L E A N H H M U G E D L I I G T
S H O W E R C U R T A I N R I N G S G H
K O L P D Z B C R E D I T C A R D S U I
Y J L J J O F U P I C K U P T R U C K L E
X E N A L P R I A U T O M O B I L E A F
```

A Perfect Storm

Planes, Trains, and Automobiles

Chapter 1: It's All about the Journey

Pirates of the Caribbean:
The Curse of the Black Pearl

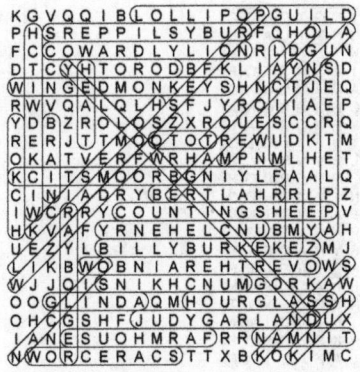

The Wizard of Oz

Wild Hogs

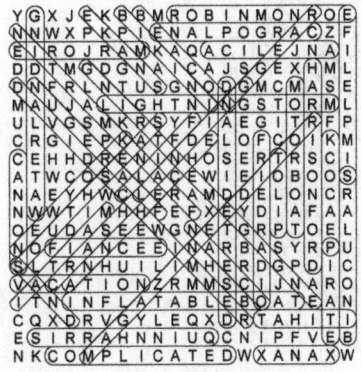

Six Days Seven Nights

Chapter 2: And the Oscar Goes to . . .

F B J Y H T U X W A S H I N G T O N D C
B R E G N I S K L O F H U R R I C A N E
Z Q N U S P R E S I D E N T S W I O U M
F P N C K T H G I R W N I B O R G K O E
A M Y J P E O L P M U G A M A M N N W D
M U C G R P A R K B E N C H S G N G R A
P G U J E F F E R S O N M E M O R I A L
U T R T N A D T N A N E T U E I L D L O
T S R E H T N A P K C A L B V N M E L F
E E A F O O T B A L L D G M R E R D O H
E R N J O B H G N O P G N I P W O N D O
T R E T U P M O C E L P P A L Y D I N N
A O Z B C T A O B P M I R H S E E M O O
G F B L S V H E S I N I S Y R A G E I R
R A T N K C H U R C H C H O I R E L L E
E W U Z F C D L E I F Y L L A S L P L H
T C P O T S S U B E C A R B G E L M I T
A E X W C F R A W M A N T E I V O I M A
W O H S K L A T O M H A N K S E C S D E
B E I P P I H A M A B A L A X F K I N F

Forrest Gump

Y F W E F R U C A S A B L A N C A P P C
N H C P C P R A J L W A Y S T A T I O N
O O A A K J L P S E I R M R C N H Y A U
I S S U R C R T A T V Z A H P S W M I F
T M I L O G M A S O I G A I D C R O R U
P V N H I K C I I H O M A N D E L E O Q
U Q O E L W D N V B P N E A G Z E W U U
R L J N O L Y R Y A O I M G S D P A L E
R S I R A P D E G P R N A A O T R G E O
O I L E I U R N L F W G L M E E I E T O
C T S I R H E A L O Y R F G N K S R T E
C J A D P F Y U R G O I D T I C O B E J
O Y L M O E F L F T G D L J A O N S Y Q
R N U G R I D T C H L B O P L P E M P G
O H N X T W W I T U N E E A B K R S O D
M C D U A Z V E T E K R A M K C A L B S
G M A R X O R R E F U G E E C I R L V F
S E T T E R A G I C F M B M I P J M L B
B W N I G H T C L U B A O G R R Y S G M
O E V U G D O C U M E N T S F G I X J X

Casablanca

I X T S R E H P A R G O T O H P G N Y M
Y R S S E N I S U B W O H S F K O W A A
S E N O J A T E Z E N I R E H T A C L R
Y P O R T H H K R J O H N C R E I L L Y
T A I O Q P D I A R Y O H O M E T E A S
I P S U F O T W E L S I M U L H A E W U
C S S Q Z L V T E I C A R Z A P Y M F N
I W E I U L A S R A M D Z T I U E Y C S
L E F L D E A P G A E A J O R P D L H H
B N N X H C E O M R D A Z N T P I L O I
U N O T D R E N E E Z E L L W E G E R N
P Y C E J M O G L Z F Y V V K T G K U E
A L R U A R D Z L A C I S U M M S A S I
M F R F T R Z N O I T I D U A A N M G U
O Y A A A A D O M I N I C W E S T L I L
S L M H B L A D N A C S F N E T W E R Y
H L C W T G N I C N A D P A T E G V L C
A I B U L C T H G I N D C M H R M M S U
R B A N D L E A D E R O X I E H A R T L
T S L A V I R E L L I V E D U A V J X K

Chicago

S X D T B B S Y U E N Y W E N X F J I U
X Z R E R S O A O E H D Q C J Z T A A X
V F A V O R G A N I Z E D C R I M E G X
Y J N B N O T A E K E N A I D F Q V G D
L C B P X N U G Y M M O T B E E Y T Q D
I O Q I G G E G J A M E S C A A N A M X
M S T C I V N O C S H L C G W J P L U P
A F D O N V I T O C O R L E O N E I R X
F I T B M O B R A C H O R S E H E A D U
Y P F C A T H O L I C C H U R C H S E Y
L A Y A R T E B K O O L E V I M A H R T
A S V S M O D E R F N E A L P A C I N O
T W M S Y O F R O D N A R B N O L R A M
J H N A A R U T Y Z I H T Y N F A E M H
P X M S D P S D W I E C A M B U S H T A
S G R S T A Z U E O R I T M A Q V R I G
O H Q I L D Y V N T I M T O F F E R H E
H S O N N Y A A B W Z A A C Y W G T Q N
G N I D D E W L K W Z P C L O Y A L T Y
K K E Z L K Y L I C I S K P T F S C W Y

The Godfather

L M S A V A N N A H E G A X M F Y M K V
I Z N F X S H O R S E S Y A E A A F I Y
N C I I O L C I I O D M C I B R M V N S
W O A D D A I M R T R L H A R Z I M T S
P T T D Q V P G K A A C T I E E J U V I
C T R L X I E X N R R T A W N Z A R A R
H O U E I B X O K E L G S L T R E S V P
A N C D E M I G K E E N E Y T V A F N S
R F L E I N A O C M E I I T A H S G I O
L I V E U B N H E L G N A L R W H L A U
E E D D L A J W E H S R S E L S L L T T
S L L E H S N J X I L U O S E R E I P H
T D G E O R G I A E N B A T T E Y M A E
O S C A R L E T T O H A R A O I W R C R
N S R E I D L O S D T T L T N L I E E N
N O I T A T N A L P F N T E M A L B E B
F I E E T W E L V E O A K S M V K M K E
D R A W O H E I L S E L N S C A E U N L
H D W L R E L T U B T T E H R C S L A L
H T R I B D L I H C R A W L I V I C Y E

Gone with the Wind

C W E S W E L F A R E L C F S F A A I T
M H J S Y L Q V E M A N K C I N U M P V
Y C C E P R I E S T N A P E R G Z P N W
D L A R E G Z T I F E I G G A M H U L S
A I L T A H V P W S P Z C P K F F T L T
R N O I H B S H E N I L A N E R D A E B
L T F A M O R G A N F R E E M A N T T R
I E W W H K L E N Q U S P H I N M I T O
N A B E B O R I G Q A U I U S K O O E K
G S M C A L H A C N N L I O D I C N R E
M T A N G A D D P C A G R E N E U B S N
Y W S A N S L T H R H D L N U D I C N N
B O S L I V U I Y G E U V I O U S D Y O
L O E U X E N S U R R L R H R N H X D S
O D V B O G W O E E D Q I C X N L E P E
O W O M B A T G N O I P M A H C E J G Q
D S L A N S A O D E N G V M R Q J W P I
S S G K I N O I T C E T O R P T K G J G
R E N I A R T V J D R S B I R T H D A Y
V U Q M M W F R W N O I T A T S S A G M

Million Dollar Baby

Chapter 2: And the Oscar Goes to . . .

```
H H S L L I K S F G P M D N N F H F H B
O R N C R A X F H T R B M U G G I N G O
H B G P H X P G N C A R D P L A Y L N G
P A U L N E W M A N P C C P O N P O I A
O R J W E S M U M M Q L D H N G I V T C
L B Q X A M T E E T B O E D I S C S A I
I E T O N H I P L R H L R H S T K N E H
C R R C H M S R O O H O I E A E P A H C
E S A A O N K T C I F L R N C R O G C H
T H I R J N N L R D D P A R G P C E B A
G O N O M E A Y E E E T N Y M V K N U S
E P S U M I B R H D B Z H G A K E N T E
S R T S K A T T T O R O I O F R T O H H
I E A E X R O A U I O C R N I U T L T K
M T T L E R E I L A S K P D A F N E A N
U F I B B R T F A V J T E O A G Q L B D
R I O N G S S E C A R E S R O H R Y W M
D R N K I Z C O U N T E R F E I T O N E
E G N E V E R E K O P T B F P Y O D K P
R Z H K I S R R F S M L W O P T L C X N
```

The Sting

```
P R G G U G X E O R D I N A R Y M M N A
M E N A S U V A R I C K Y F I T T S N B
A T J B R M B G N Y L O R A C H R N U L
L S S C Q D Y N A S E Y A H A L E G N A
A E X I U S E I Y F G D N A N T D E O C
V L W T I R C N H R N E F R T R R W I K
A R E S T O A I I A A P A E S T O X S M
L I S A T B P A C N R R B M I H S E S A
A G B L I H S R O K G E K A S O E S E I
K L E P N G N T L F N S R C I R P U S L
E O N Z G I I T O I I S H O R A E B B O
G O T X J E V H N T T I N E C B T U O T
A H L P O N E G E T O O V D E I A R O S
R C E Y B O K I L S O N W I F R L B G I
A S Y T R A G E D Y H Q R V I C S S Q P
G H Q C J F L W S S S W L E L H S U R C
N G T X E U C H E E R L E A D E R U E Y
A I V X R N X R E P O O C S I R H C G Y
T H R I R S A E U X N X R U M P U S A H
L D P E C K X J F F A V F B G W S M P J
```

American Beauty

```
T P Y G E R E P O R T E R C A S S A M Y
N E M N Y E C Q W Q E X P L O S I O N C
A T P I M V X U D V A O P L L A T X U S
F E R T J B R I T I S H C O L O N I A L
S R I O G U E R R I L L A A R M Y U E W
Q O N O I T U C E X E G N C M N D C S Y
W T C L I E U C S E R T Y J M I N A H Y
Z O E I X K D Y E P H C D I A E B E E R
B O F U S R X P D O L M L R R O I M I A
A L E C G U I N N E S S A W T N L Y K T
T E I E E U I Y A T U B A A D U A T R I
T F S R R Q Q C I M I L G L V G F A A L
L D A U E U C A B A E E O W U E I E I I
E S L T I I V M A T M N S M Y N R R D M
E O G N D C W O R L D W A R W I E T S G
F Z N E L K A L A O O L I R F H H W J Z
T B N V O S P P N R S A E P T C S L Q K
C T F D S A M I D I V C M C N A X J K R
X U K A R N G D K A K A A X H M V R J V
P R N U Q D K C C C C K C R U G D S Q Q
```

Lawrence of Arabia

```
V E B M T A E E T E I L S D R A U G I Y
V R D T P D D E Z S D M S A E L C N U Y
N U Y E L A V E I D E M M P S V P I Y B
H T S N S O S P R G R R S R F C R L U W
E R C O K E V A N L Z X O C N A I R B V
U O O S Y L W E A D F I P E A L N E U L
G T T B G D V Y R O R E H T M V C T H J
G F L I E E A O O R A P I Y E A E S L Y
A U A G R R W C A M P B E L L R S S Z C
U V N L T S T W G X J B M L B Y S J G D
D I D E K L I T E L T T A B O I I K C W
K M B M N I J O H Z Z W R F N N S W H R
A C A T H E R I N E M C C O R M A C K R
N H A L F K H K K A B E E A V E B L R H
G O A X C R S E I Z P R A D S P E A R S
U R R N Q O I L P Z C O U W K T L O P U
T S A R G Y L E W A L L A C E V L M O B
S E U D U I G M N O I T U C E X E E W M
G S I H W M N M M N D K G T R M G G A A
B E F T Y D E G A R T C S R I X F O S E
```

Braveheart

Chapter 3: A Little Romance

The Notebook

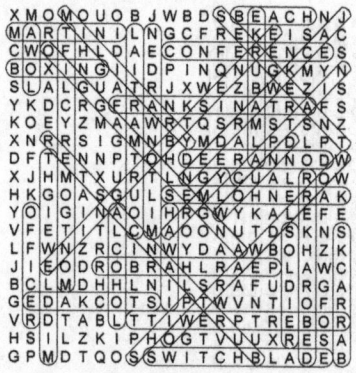

From Here to Eternity

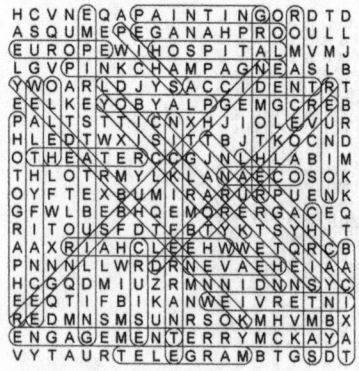

An Affair to Remember

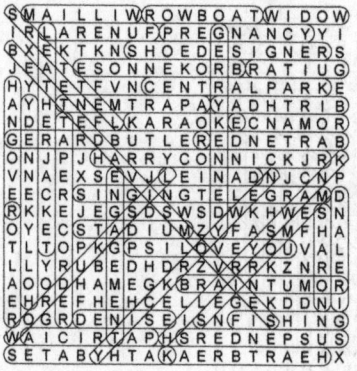

P.S. I Love You

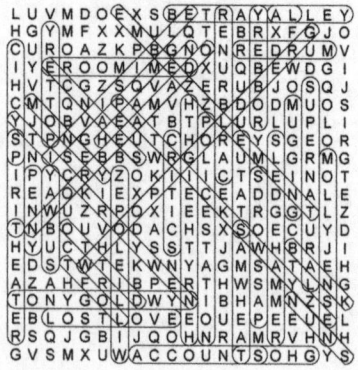

Ghost

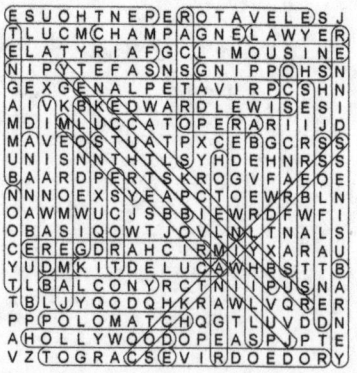

Pretty Woman

Chapter 3: A Little Romance

P B G F X A E U T A T S Y Y E K F D N P
M A N Y W S T U H N G Y I P D V G H R C
W R L B T F Y V R F H I Y Z N R E R U S
A W P A M S M O H O K R Y Z E V Y S B E
C B G N C O M R E H P A R G O T O H P S
L N E G Y E L D A R B E O J U D S R E A
P I F N N I R V I N G R A D O V I C H M
D G U N C O U N T R Y G G H O N N W Y A
R H V O K H C G X P O H F I G E E Z E J
U T F L M E S R E T R O P E R I U R R A
H G M A S O K C U R T Y R E V I L E D P
I O J S M I K G O O M E F R C J T E U A
G W A R O B A Y D U B N E G M L V P A R
H N I I H G A M E E O T O H N I Q K V T
N T R A A L T S L C N H R O T I D E J M
E Y P H T G S L S I D E W A L K C A F E
S Z O Y P O I S R A Y A D I L O H N D N
S Y R B L O E F A S D E M B A S S Y A T
D N T O U R Y T E I S O P E Q V T A B D
G S C S P K B N Z V Q I R M B W F G J V

Roman Holiday

E M C B N X C Z W E B U W D K Y R O B D
K V C H L U N I V E R S I T Y Y F O G F
T E L I E L Y D L Y I G R L C H S J J E
P P U O N I A C C O L L E G E T P E T E
W I O G O T R B O L H U L F O L Q N D F
S V U K I H E V T L K T L N L A T N E F
W U M P T G C T T E R R A B R E V I L O
I R S M A I I S M G U L V C O W X F B C
O O U C U F T I W N U Q A R B A R E I Z
H O F W D H A R V A R D C W Q B T R T L
O M I D A A L K Q W L M L A Y D G C R I
C M O O R R E K C O L T I C R E M A E O
K A A C G P G T E N I V H A I R R V V N
E T F T U S W C A S W F P Z S M S A N G
Y E V O L I B R A R Y A N O N E A L O S
K N I R E C I S U M L A C I S S A L C H
N S Y T L H B I X M I B L E A C H E R S
B W W I D O W E R D M L F A T H E R H C
X W E O P R O P O S A L A W E D D I N G
F L T N E D U T S B F E C U X Z D X Q Y

Love Story

V X R G R Q M L I L I T A Y L O R I N G
J P X O W S W S Z J O H N M A H O N E Y
M C T D E Y E V G G M N V C O L L E G E
M E N G L A N D R E D R O C E R E P A T
F Y R E T T E L E Z S S J M X O S R S A
F K E T V A L E D I C T O R I A N I A D
A S L O O H C S H G I H M T F J U S N D
C E B I R S A G E N T V R D R T O O D N
J N O R Y A J O H N C U S A C K C N S O
S O D O O L F Y E R O C U N P W E S I C
Q J D H S K Y M E C N A T S N O C C P E
U T Y Y E T E T E E N A G E R S N H A S
A A O Q Y R G N I X O B K C I K A O R U
W U L E I P A O G T A X F R A U D L T R
P D L T S I R E R L E N A L P R I A Y P
R A E N D I T R S J A M E S C O U R T Z
Y R O T S S S E C C U S T A E R G S M D
I G K Z L N O T G N I H S A W A K H A H
Y X R V Q K B S E H T F I H S K C I T S
V I B O O M B O X R D B R E A K U P G Z

Say Anything . . .

J W A Z X M X Y P Y M Z N E W S V A N W
S E M L K M X K O M M M W F P S X S O B
D A D I R O L F J C Y Z F B O S S M I H
W T Q M X W A R R E N J U S T I C E T O
S H L U A N N E E A N C H O R M A N O S
Q E T X R R O F Y T K O O O K A B T M T
C R S X J O R F H Y A B H T T I Q O O A
B G I P O V B I T H A W X P C M V R R G
A I L R A A D E A U D I T I O N T A P E
I R A I N I R F R G T U H A I R C U T B
H L N S N R C P G T E E G S Y K C M L O
P L R O A P A E C K R D L M C L P I D R
L J U N K O M L M D E E F E V I L H M D
E X O R E R E L A S Q L D R V O M A B R
D V J A N T R E I O V U X F P I D J T A
A G N I N N A H C D R A K C O T S U F W
L K Y D E Y M C R L C W S T O R Y I L W
I V X T L Z A I A Y P C Y Z A S D A O E
H Q O V L G N M M G N E D J A C K S O N
P G Z B Y R A T E R C E S S E C C U S S

Up Close and Personal

Chapter 4: Family Fun

Charlie and the Chocolate Factory

My Fair Lady

Toy Story

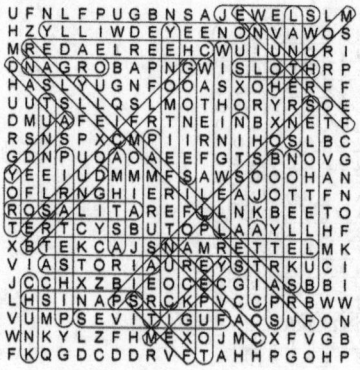

The Goonies

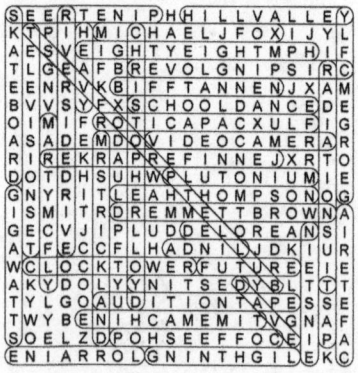

Back to the Future

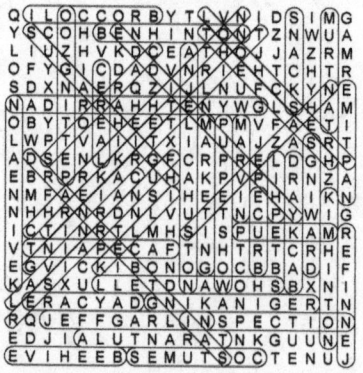

Daddy Day Care

Chapter 4: Family Fun

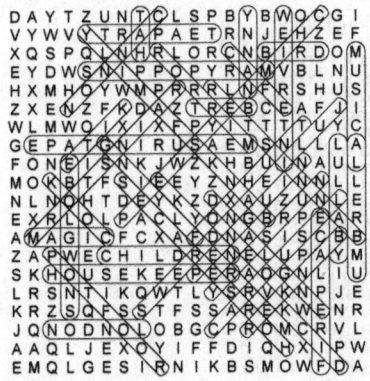

Mary Poppins

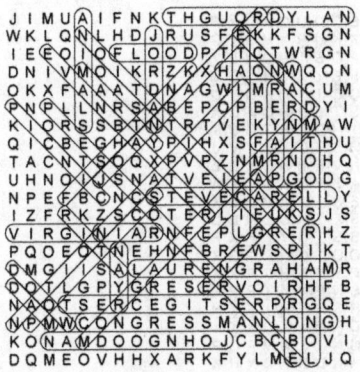

Evan Almighty

Ferris Bueller's Day Off

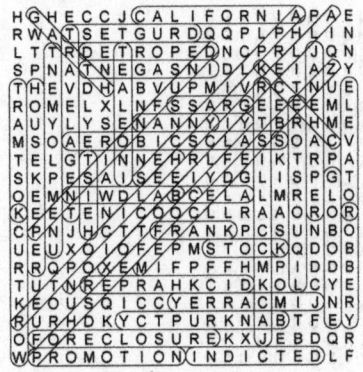

Fun with Dick and Jane

Chapter 5: The Old West

A L X C M K Q P J C R E O Q U G H G X F
W N D J Z C F O R J Q X K U R X M U T G
F Q I A H F E A H T W P O S T M O N E Y
J S K A I V I L O B U L F Y X L B S O M
V D E L X L H E E W X O E T I M A N Y D
J S C N R C E R Q K E S T L R H Q W C A
N X N O G B B K R K R I H O C H T G S R
O K A T H A R I N E R O S S O Y V T V J
R O D E F N O A J X L N V E B H C Y E L
E H N P P U B W V E F A S V C K S I Z W
X C U A R E E E I O E E W I A W M D B X
Z C S U O N R N U P C S F T R O L R E O
M K A L B U T C H C A S S I D Y K F K P
Y F O N B H R W Y A L O O G G N A G G Z
G G V E E O E H E G P P Y U A H G P X K
Z M K W R R D J E M A S N F M Z D B P N
W U A M Y S F D U J T R S H E R I F F H
B L D A Y E O J D J T D R M A X D J K I
L J M N I S R Y Q H E G N I L B M A G P
O S J T T G D S Y H W W N D S W B Y H K

Butch Cassidy and the Sundance Kid

M S J P R T F J O S E P H I N E C A J H
A I C H S H O S P U G N I N O K C E R Q
R E M L I K L A V I Q S R E T S A M C M
S P C Y S I R E D S A S H X X R K T X Z
H Z E J O H N N Y R I N G O A M I O L E
A W R F L U T M A B G X O N P O Q E E Y
L C T E U D R L R H H N J P L R L G L S
G S T N C J L H L B E G O L L G D S B E
B A A R R I E G U E T B O A I A X N A A
K M S C E L J L O C S S F Y B N Y S T P
P E P I B S A G B O K S L F S E B E O N
G L R G U T S R V A C L U O I A N S R C
C L A N T O N B R O T H E R S R L R A P
O I E I I U M L M R O O L O B T P E O E A
W O L L I B Y L R U C Y O L E R O H O M
B T I B D S B R O B A K I O L R U K S N
O T G M A T T I E M W U O O P I R K E A
Y E R A N O Z I R A O B I D E O D Y O R
S X I G T N O V C Q B W Y A T T E A R P
X F V H R E V L O V E R R X U Q I O Y H

Tombstone

F H G Q Y J W S B F N Y G Q O V U Y M M
Q C M E W I L L I A M M U N N Y A T O E
H A N C I D W A G R C O W B O Y Q F C L
I O I A D W N O T M U R D E R F M I P F
M C R B O M L O S E H G X E J O L U S I
K E A S W D K S I R R A H D R A H C I R
D G E N E H A C K M A N S A Y T N U O B
O A W N R S B C A M P F I R E G A W B R
O T W G A F H S H N R R R G L W N U U F
W S B X U B D I K D L E I F O H C S D U
T T E G G A D L L I B E L T T I L W Y C
S A A Y K R T K W W I M X O S H L M N D
A F U S E B U Y A E G A W C I N X G N R
E P C A O E O R S S W N L R P H F P I K
T L H Q A R T U A Q H M G F A C F S K O
N M A O V S O L G M I F W L B X I T S T
I M M T W H O G U N S L I N G E R E D N
L G P T T O H X S C K L G U R A E D A O
C M G U N P S R L I E N G L I S H B O B
Q J O V R E W A R D Y V Z N E U S C C N

Unforgiven

U H D M O P J L I F T A O C D V X N D D
F E Q K I A W M U R R O U U Y H H O F E
M G G Y O R B A N G E L E Y E S O G Q G
H N H A T U N R L O A L L M X W N O V D
A I F G T N R K A T S J I H T K A U R I
F G H H H O R S E S U R W S Y T P B M R
R N T P X T B M T L R Q A S F W U S F B
M A J S Q E H A Q F E E L C N A V E E L
B H G E L L G N S J T X L E L T H R B O
N D H I I E O I F N I P A M G L M P B N
V I L W C K U A I Z M L C E U O O N D
Y P Z O I S H L R D A O H T N H L B S I
E V A R G R C R I M N S T E S N H W O E
O C I X E M W E N V Y I Y R T E Q S C P
H B K B L I V Z G L D O E Y O M I F R G
D I I Y P G U N S L I N G E R G N R M Y
W A T R A I N T Q F T R E S E D X X P N
V X U M R N S S U R V I V O R S I J M C
V X E G A J R R A C F N W F Q W Q V R E
K L V J P N U P D H O W U C P T D R X S

The Good, the Bad, and the Ugly

M G H N R P F U S L I L Y X M V M P H S
G Y R U S S E L L C R O W E L A Q A F N
A S C A Z G F V C U O U D F Y O L G E G
Y P M O Y Q E X F U Z N D E R I F L E T
A P H Y A S N A I D N D T D C H A H J N
M B I R O N O B R O O C H E L B O U X R
B X P A W R E N I M I P E R N C S A I H
U A Q N N V L V B X T V W A L T U O K Q
S P J C U O C E A U A F I L I T I T B C
H A G H M I Z Y C N T T T C D R D O E G
W C U E P X C I S M S T E O C E N Y N C
C H A R L I E P R I N C E U Z E U W W D
E E H O R S E S R A I O Z R E B O U A K
H C W M C L A H S R A M R T F S W T D E
Q K Q M O E C M Q Q R D I Y C I T B E D
Q M S W Q N G E O V T M R O B B E R Y D
M N J X F N E A S N A V E M A I L L I W
O H P K A U V Y T N F N K T N M L B D O
B Y W G V T G M Y S T B O I K I U V R L
Q Q L C Y A L D K P X G P X K J B Y D C

3:10 to Yuma

X R E M L I K L A V M M N V U S V W S R
R E H T A F D E G N A R T S E D I N A S
R C G V T P R Z R K G W T N R X A T M B
A O N X B E A E K N G C O M E I T N U D
G N I T N A H C T X I J S R O L I A E L
H C P H P A M C H H E L K N E W S N L O
C I P T B B A R N E G I I S D S I E J F
F L A U T I R R L A I U N L N H C T O D
X I N J W Y N Y O D L A A A L G R U N N
H A D X I O M Z A N K B M D N Y E E E I
X T I H S M R F U E E E E I D K H I S L
L I K I O H D R H K N C D T A N P L U B
L O V T L P E U A I S L K P A I A B A N
U N W W D A G R C G O W Y H Q C R R A G
V E L F I R B I I H N A J A A U G M G F
M N J H E G D N R F A I S E S R O H I G
R D G S R E T S I S F R M W I N T E R O
K R T M M L J A H Y D J M A S S O Y U Q
L N E W M E X I C O R E Y E L H H J X E
L E T U R T L E C A L P E R I F P F B T

The Missing

Chapter 5: The Old West

U Q R A T A H J H D X K Y T F C F H Z F
B I F S C O R P I O N A Y R T R E B O R
F G U N F I G H T K I L F Z W E Z H N E
M I R R O R E I T N O R F I G J X B Y D
G O D V C T R N U I H L L D U B L A B D
E S J S E I N G E F W L I M B A P X S I
H Q E W A U E R N E I R B O D N O M D E
J D I L G N S Y O A B O U R J K H E A S
S M I T I Z T E M H O N E T Y G S A X Y
B A O H C B B H P H T X M S R N I R G K
J H C M I L O G C Y P E F G C I B A E E
S A D H C L R M H L X O K N L L E I E S
M N B Y D O G U O I R W P E F G K L O W
Y V K E B O N S C T X Z T H D G I R H A
O D N B H T I A U W U A A C D U P O C L
G C E E E O N N J N I A R T Y M R A A T
Y R I R N A E S H O O T O U T S V D M U
Y S S X R Q E U B P Q G O D E Z L N I O
T N E M E R I T E R F N G S C S B I X J
T Y Y H X W H J S F C J I M P Y S W O W

The Wild Bunch

M A P U G G M E X I C O K U P P S H J D
I E I C R N U C N K R E N N Y R B L U Y
C P W A K V I N Q R J H M E B C S Y L W
U Z V S L C Q L F A U L S E G T R I D Q
Z E Y I W U U A B I P B R U T B E L Y Q
W Z M N K K U L G M G N O Q B E M X W Z
U D Q O O R E C Y G A H K C L M R O A J
S Y T I C S S O Y R T G T M S R A Y Y S
S E V T R Z N H D K R U P E R E F I N K
B E S A B U I O X A E A B V R W M B E E
G X E R G I O L R N V V H E O O B A K T
F H I T O R M G C B K T U T X T Z N J L
O T O L E H L Y B R S R D S S L N D S T
T H O I C A L V E R A E J B A L O I T O
S C L F R S W I T C H B L A D E O T N P
E L C N Y V H L R L G O T R P B L S A Y
Y E L I W A L L A C H R I S A D A M S R
K V F I E S T A Y N W O D W O H S X A Y
P I H D M O T G A E R I F P M A C Q E L
W J F H Q C W E L N P Q Z X E O S N P E

The Magnificent Seven

I J J P J N W R E V E N G E F D H A S E
D T H W E U H U P P G O G R D E P U T Y
W N U Y N R D P S L U A A T L W V W A T
X H P W J H D G C C I N R E Q Y I B B U
E A M Y F O W L E R K A N E G L L M L G
I R O M C S N G R M I R J B L W L A E D
X V C A R T D A I N A F A K R E E Y T Z
H E I R F A M L S M O R A C R N H O O Z
Q Y X T B G L T I H B N T I S F C R H U
V P E I J E A R R E E N W R E F T E X J
Y E M N R T E A R S O N A T G I I T T F
Q L W H I Z T S W E V C D T D R M I U W
Q L E O Q S H C T A P E Y E J E S R F E
A A N W U O J A H P M O J M R H A E R V
X H D E P T E G D U R G O Y B S M M V W
I S G N O O L A S F R N W C D T O E B K
P R I S O N U A C L O C K R Y D H N V U
V A G N I D D E W O F S H E O R T T O Q
S M A L L T O W N S P E O P L E A G X H
A U V L X M G R A C E K E L L Y Z G Z M

High Noon

I J J P J N W R E V E N G E F D H A S E
D T H W E U H U P P G O G R D E P U T Y
W N U Y N R D P S L U A A T L W V W A T
X H P W J H D G C C I N R E Q Y I B B U
E A M Y F O W L E R K A N E G L L M L G
I R O M C S N G R M I R J B L W L A E D
X V C A R T D A I N A F A K R E E Y T Z
H E I R F A M L S M O R A C R N H O O Z
Q Y X T B G L T I H B N T I S F C R H U
V P E I J E A R R E E N W R E F T E X J
Y E M N R T E A R S O N A T G I I T T F
Q L W H I Z T S W E V C D T D R M I U W
Q L E O Q S H C T A P E Y E J E S R F E
A A N W U O J A H P M O J M R H A E R V
X H D E P T E G D U R G O Y B S M M V W
I S G N O O L A S F R N W C D T O E B K
P R I S O N U A C L O C K R Y D H N V U
V A G N I D D E W O F S H E O R T T O Q
S M A L L T O W N S P E O P L E A G X H
A U V L X M G R A C E K E L L Y Z G Z M

The Magnificent Seven

Rio Bravo

Chapter 6: Independent Wonders

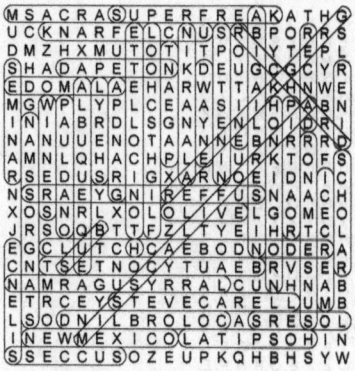

Little Miss Sunshine

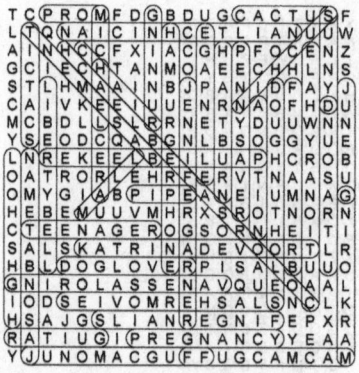

Juno

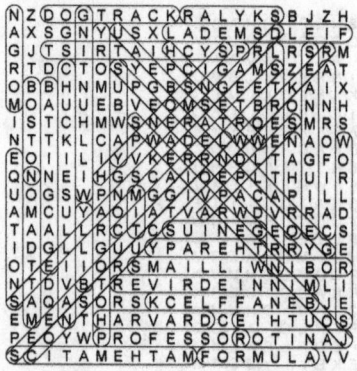

Good Will Hunting

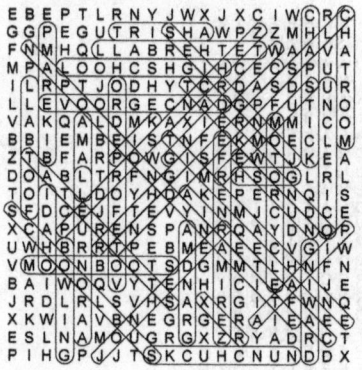

Napoleon Dynamite

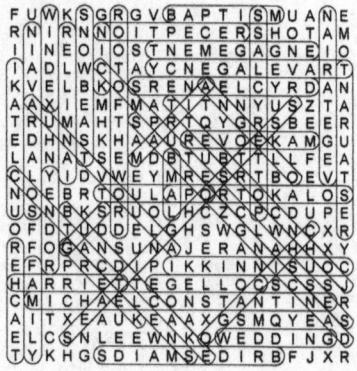

My Big Fat Greek Wedding

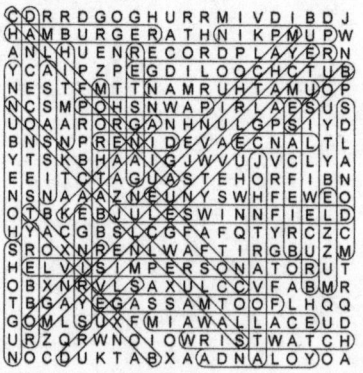

Pulp Fiction

Chapter 6: Independent Wonders

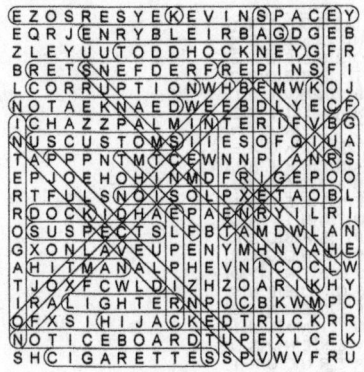

The Usual Suspects

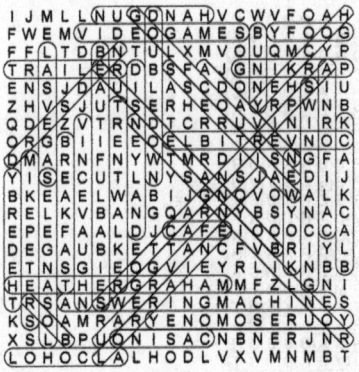

Swingers

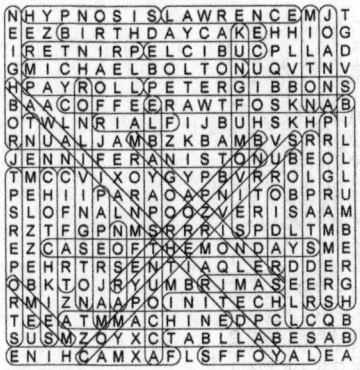

Office Space

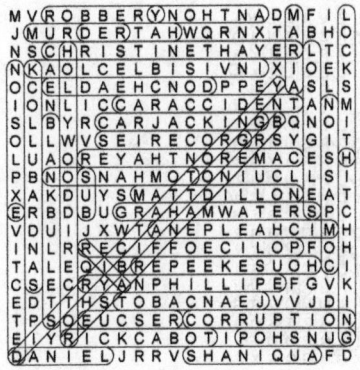

Crash

Chapter 7: Judge and Jury

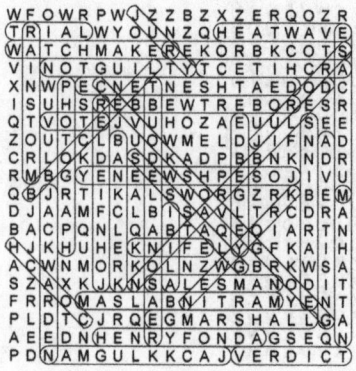

12 Angry Men

A Few Good Men

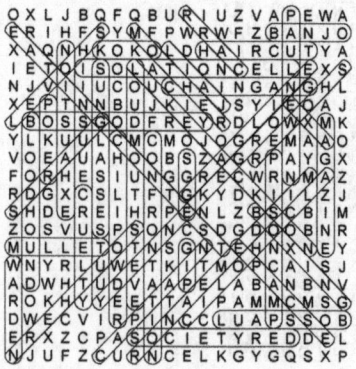

Cool Hand Luke

The Shawshank Redemption

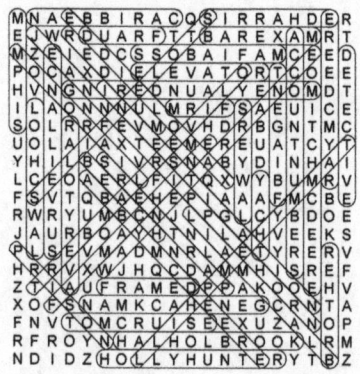

The Firm

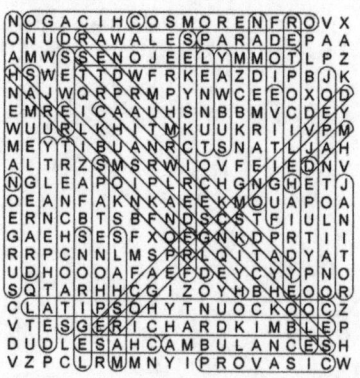

The Fugitive

Chapter 7: Judge and Jury

The Green Mile

A Time to Kill

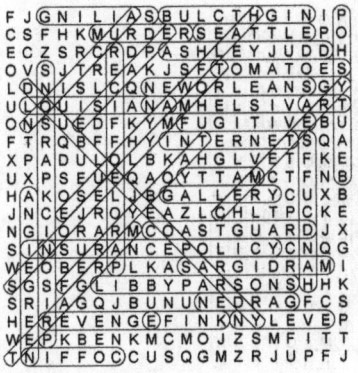

Double Jeopardy

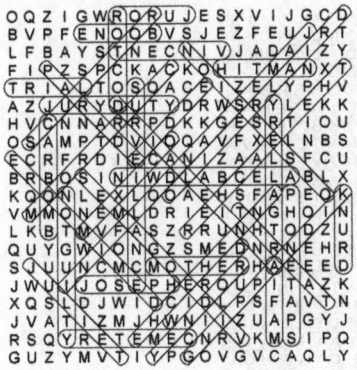

The Juror

Chapter 8: It's Beginning to Look a Lot Like Christmas

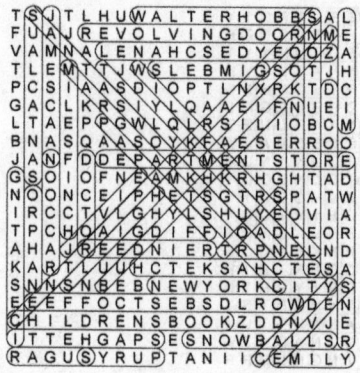

Elf

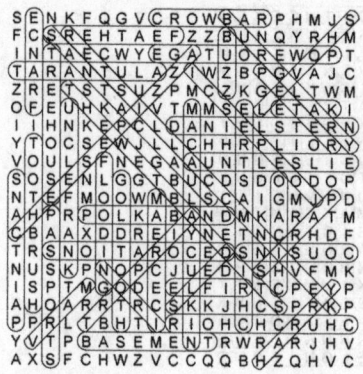

Home Alone

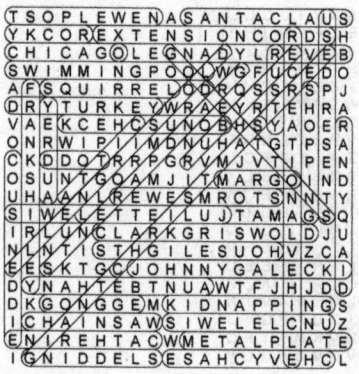

National Lampoon's Christmas Vacation

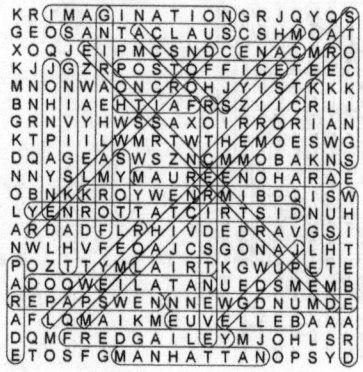

Miracle on 34th Street

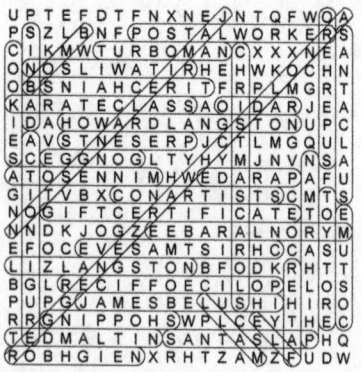

Jingle All the Way

Scrooged

Chapter 8: It's Beginning to Look a Lot Like Christmas

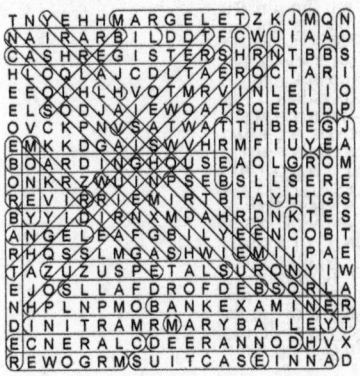

It's a Wonderful Life

Christmas with the Kranks

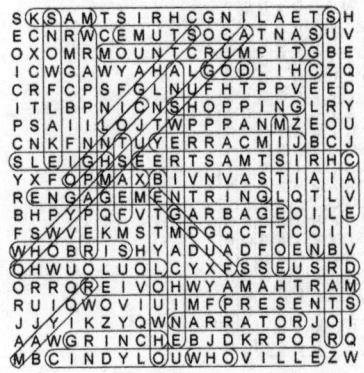

How the Grinch Stole Christmas

A Christmas Story

Chapter 9: Love in Manhattan

F C L T T C E K R E R J J A D W C L X F
C I H H K L C O P S Y N A F F I T C G C
X C R A C K E R J A C K S R M P E N Q B
O S I E M G E O R G E P E P P A R D T Q
B E O G E P F P V B E O N M R U O W V U
E S R T A S A O T A C Y T A B L T E S Q
N S W O G R C G P E Y L I P A V S R P A
O A K R T Z E A N B B T E J C A E O D T
H L C Y I S R T P E P H G N I R M T E U
P G Y G L T R T T E Y G M R X J I S N T
E N O C M A E R C E C I T Z A A D Y E K
L U Y E L L A R R R H L V J T K R R W N
E S N P E A L O O C G O L I G H T L Y I
T T A G A I U B H F O G L G Y C N E O T
N R R K B A N E S B E Y D D U B O W R T
K A I R O O D G N I V L O V E R U E K I
M C A S S E R D K C A L B Q G R A J L N
V R E A R P L U G S H O P L I F T I N G
Y W W H B A N A T T A H N A M X I M N J
S M W R C C W K Y R H Y I P F Q T T K X

Breakfast at Tiffany's

E R O L O D E X Z M U E S U M R N D W U
C U E B I L L Y C R Y S T A L B Q A O H
R A I R P O R T H E L E N O E O G P A Z
O B R U N O K I R B Y H W D C O A A L Z
V Z C R N M A R I E A Y I X N K C R I D
I N A Y I J E S S T G S O W A S I T C S
D P S S G E L C T S K A H O N T H M E X
M N A U H S F A M R G E C I E O C E N Q
G A B O T A N I A A E N S G T R F N T J
L Y L L G L F D S L H Q I V N E O T R H
F R A A O L J H T H L O E T I I Y Q A A
R G N E W Y E A R S E V E P A R T Y L R
I E C J N A B R E T I R W R M D I T P R
E M A G L L A B E S A B N I H I S C A Y
N Q K L E B Z Z W E D D I N G D R L R B
D Y M K A R A O K E M A C H I N E X K U
S P I C T I O N A R Y H I N H E V C N R
H M V G F G Y T R E T A E Y K C I P U N
I E V Z K H Q D F M K R O Y W E N S U S
P M J T E T S I L A N R U O J S U P R R

When Harry Met Sally . . .

G G N T L O B S T E R M E C R O V I D A
W G E A B A N S R B R O O K L Y N M U G
R Q L L R Y S O M L F V B W J C A A H E
E N L K E R T R E G N I S Y V L A T O U
T V A S A S A R A L L E L S S W H T A X
S N Y H K Z O T A E I T Q I P E N A U A
A W D O U S I A I P H H Y N I I R H T P
E N O W P R M Y B O S E O N D V E N O N
L B O L L A H E I N N A R E E R T A G I
B V W T T C K D R O U T M T R E S M R F
I J U C A R A C C I D E N T N T A A A R
T S I R O E H T Y C A R I P S N O C P E
R F Z Y Q P K B J S E Z N N G I C L H P
E T W V I M Y E C A L Y N O T B R G R O
V E Q U O U C A N N Z A B U U O E H N R
N U H C J B P C R A H S I W E J L C C T
O Q S E Y A D H T R I B A I R P L A N E
C N M V V G L Q N A I D E M O C O W F R
V A N O S I L L A B T E U Q C A R A H Y
O B H L W V O T I K P C E Y M B C X J S

Annie Hall

Q A J Z R O T I D E P V W E D D I N G P
Y B T N A T N U O C C A S E Y N K H I J
H R E P O R T E R X L S T U N H G U O D
J T B L N S M P F K G N I X A W Y D O B
E O S A G O S S I P C O L U M N I S T G
T L E Y S V Z E Y G R E L L A D O O F M
S E M E A I T I L M Z E Z Z N Y C N C A
K G A R L A C A D E A P C Z N S V R O R
I N J R L L M P D A C N G Q E N E I F T
S A N K E N I N R D C N H E R I N V F I
A L I W G P E S A I I F A A B H P E E N
L E V L R M A T I T N S O D T C W R E I
E H E R A G E P A S H C N R R T L G R G
M C K V C D M D S I L K I Y E I A F O H
A I E J O R D D O W Q A H P B H A N T T
R M Q C L E T N G N E N N I L X C N S C
A F T S E S S A L G G N I D A E R T G L
S O C P G H F I R S T K I S S L S Z U U
R Z S T O C K B R O K E R Q M A X K R B
R N C W I L L S M I T H E I R E S S D H

Hitch

D E A D L I N E G D P T A X I C A B S S
F M R X K N V S E N O H P L L E C M U E
J A C K T A Y L O R B W P B Q H I M Y L
S G H R F S R E T N E C E R A C Y A D B
U R I S M D I W N D M S Q R H E R N A R
P E T E R P A N C O M P L E X K E H L A
B C E R O Y K Y G B O E L F J R T A L M
T C C E T L M A A L S L V R M A R T E E
A O T P S R E D E D E F C R A P A T R T
O S H O N G L Q U P K P H E G L C A B I
C A F R I R A R F I R R A R G A T N M C
N O I T A T N E S E R P I R I R I A U T
I L O E R I I H I T B B J S E T O M D A
A K A R N F E R R Y B O A T T N N E F C
R O D G F T P E C R O V I D A E T W G S
M C R E K R A P Y M M A S P Y C N S N T
A Y R G U W R U X P I R T D L E I F B C
N E W Y O R K S H S I F D L O G N T O C
N M A E R C E C I Z O F O D R A Z I W Q
Y P R T S I R T A I H C Y S P B X F F G

One Fine Day

L V Z C E N T R A L P A R K F R Z F M O
V L A R S H A M M O N D E E C N A I F B
F I V E D O L L A R B I L L F R A C S I
S A P D I P B L O O M I N G D A L E S T
J G N I P P O H S S A M T S I R H C M U
M O K T S N E V I P Y M E R E J N R O A
L L A C E R O T S E G A W E N E V E K R
T F T A V P T N E M E G A G N E V A E Y
M B E R O T S T N E M T R A P E D M D P
U A B D L Y T I P I D N E R E S C E E O
S L E R G D Q T S A M O H T A R A S T C
I L C E E E D C O O L H A N D L U K E N
C S K C R A B S S A N F R A N C I S C O
V Y I E E N K C A Z U C N H O J K T T B
I N N I M K M I C E S K A T I N G P O R
D I S P H A M O L L Y S H A N N O N R A
E T A T S N T T E B R O C N H O J E Q C
O S L K A S E S R U P F F O K C O N K Y
J E E V C K O O B D E S U J J Y E L L A H
W D Z Y P Y S W A L Y C A V I R P L A K

Serendipity

Chapter 9: Love in Manhattan

```
MATTRESSREVRACENUJDO
MAJCIFFARTNKHVWYBCSU
WZNKNTSOEDAWDRAWOHHS
TNARGHGUHBIXNWVNAREB
GLEAECCELLPHONERYYAK
DMKMOAOVEQKGBYVWHSSN
PUADRYMITHCJIALYELTP
ZSCNGKMEOPOSRELBREAE
ORUAERUTHBLDSTAYIRDG
ROFLWXNEIALNHLBEABIF
PDOFAIINNAUELRGNNUUL
TNTFDMTDWOBGEENROIMG
TEEREEYSCHAAGTIOILAG
UVNORSCENMRSAPKTLDNW
QTNVUHEHEYDSLOCTLIHE
WEIBOINNEANAACEAINAD
CESOHETYISAMIIRRBGTD
WRLCSPEECHSKDLWACDTI
DTONYRRALUCYKELSONAN
TSKOORBLYREMSHOPPING
```

Two Weeks Notice

```
ZEWIEMCBCDOCOMPUTERF
NPGUBROOKLYNBRIDGEWR
MYYRCUBAFZSYCGSWNIBA
NEWYORKQZFWVYMKRNHGN
ZYLFRETTUBEMNGODNKNK
VTILROGDABNEYCOLEMAN
YINTERNETALEEWBOATTA
LUCTDBAYSSFHDFSFHVTV
AROORUAIOOTIRNNLCTAA
PXMMOVUNXDSEAOEIHNHS
TNPHSMFBNPNYEERARANK
OUEAEOOULARNNFDMIRAY
PATNXOOAXGLKNGLESUMA
UUIKKRYNEDEAICIRTAPW
DHTSATDMELHSKDHPMTAB
OMIPNAILLIGOGKCXASUU
ODOSIHJYPARKERPOSEYS
THNTBCANITSIRHCAIRLR
STARBUCKSEQRGSEISIAD
UAPKWEHTTAMXXOFEOJZA
```

You've Got Mail

```
NRCASIMONBISHOPNYUWS
BEVERLYBTNUHNELEHLHS
ZCWRCTSSENDNIKPLDLQE
ENHYJSIETUHCEGABRAGR
OEGMOGASTHMALYIISDXT
CPDFBRNSTTQZERNTSUXI
WSGREGKINNEARETRENNA
RMLATNRVDIBBHBEERIOW
IAQNTIAEPOLORBRVDVSU
TNXKETGCAROLCONNELLY
EHNSRLIOGTEGNRTOSEOK
RAHAMUAMVNEJAECCUMHC
OTHCASPPERISUBSWOCCA
ATUHNNAUROUKTDUSHDIT
DAMSKURLDZBOLWICNWNT
TNARUATSERDXEAOCUYKA
RNNTNEMILPMOCNWMEXCS
IWIZDGEVLNOODLESALAD
PWTDVGNEIGHBORSSBNJQ
FJYQMETAPHORSRACSUBM
```

As Good as It Gets

```
COLUMNISTAOBYRREFMYA
OTHAYERALYGNILCRYBZB
UVPILIHPLAIDSHIRTSNE
PADVERTISINGLOVEFERN
LINITRAMRKRACKOFLAMB
EHSERUTCIPPOHSOTOHPE
SPCYTVFLESRUOYTSORFR
COMPOSUREMAGAZINEEBR
OSHWJNOSREPLATNEMWGY
USYDUJEHTDPOKERNIGHT
NSTATENISLANDIAMONDS
SEKOARAKLRIGOTWOHBIE
ECYEHGUANOCCMWEHTTAM
LNNWHFBJOURNALISMZTI
IIORETAEHTEIVOMGYPIC
NRTRECNOCNOIDENILECH
GPQKATEHUDSONEWYORKE
NOSREDNAEIDNAGTJCXEL
RAMOTORCYCLEINNAEJTL
BACIXATSIPAREHTTHOSE
```

How to Lose a Guy in 10 Days

Chapter 10: Sports Fans

S T U O Y R T N E M P I U Q E L Y L M R
P L A Y O F F S R A B Y E V R A H B H E
E I M Y W A L T E R H A R V E Y P H C H
A N T Y E L S K R L O O H C S M R A H C
M E U T V R R H N T S N S D G B U L W T
Y U O E E J C E I I E E O A Z D M L A I
A P G N L H A S E R H L R P J T S O R P
W L U I Y G G O C C L R E O X O I F D N
E E D E N N D A A A Y E N G H M R F E A
H G H T A O A E P M T L Y S R H O A P G
T N E S N S P Y A S O C W B E A D M A U
L A L N N N T R D V Y J H T A N M E R D
L L E E O I S D I R T T H E S K J R T Y
A L N W D H Y T N M D H T I R S E M M M
L E H O A E Z A O K I T K E L L E R E M
Q W A L M I M A E M O R D A B I T O N I
F L L A X T H C O O H A L R A M P E T J
E I E R Y T T E P I R O L L A B E S A B
A T Y I W O R L D S E R I E S D L L T S
Q S I V A D A N E E G N I Y R C O N Q S

A League of Their Own

F I S T F I G H T H A N K S G I V I N G
I W M Z E V L N R O C K Y B A L B O A Q
V J I T R T R O N I N N E P N A I R D A
M K C F I C E I C E R I N K M P U T S G
O B K H H F X L C H R I S T M A S O Z X
O O E V S R O L E Y E G L A S S E S S N
R X Y R A R B A X V P O H S T E P H E O
R I G M I G H T Y M I C K S G Y M X V I
E N O L L A T S R E T S E V L Y S X S T
K G L L A R E N A H G N I T A K S E C I
C M D T T V T A G G G N U O Y T R U B T
O A M P A U L I E P E N N I N O S M X E
L T I U R G E L C H A M P I O N S H I P
J C L T A W E A P O L L O C R E E D P M
I H L Z Y R O T C A F T A E M A G W U O
L E Z V J P A U H P L E D A L I H P S C
L O A N S H A R K C I L O H T A C Y H U
D E B T C O L L E C T O R O R R I M U V
H G N I N I A R T G O D R E D N U V P X
O L Y E P M B D D J O G G I N G W I S Q

Rocky

R G X J M H F R O D T I D W E L L F H C
D E R I P S N I V I P P A S S N C Z I P
T N E G A S T R O P S L A N I D R A C O
N D E M E T E L P M O C U O Y Y O R S I
E O N X A R E G E W L L E Z E E N E R Q
I R A L Z M E N G A G E M E N T R I N G
L S I E B D B R J G N I D O O G A B U C
C E C S U E Q A E R I U G A M Y R R E J
B M I S S I O N S T A T E M E N T J F R
O E N A I N Y G I S N W O D H C U O T H
B N H L N F O O T B A L L V T Q J W N O
S T C C E F S L L E W O I T E E C R A M
U S E T S I H O T E L R O O M Q L E T Y
G Q T S S R P D Y O B Y A R W I D P N A
A U D R E Y H E B U R N M O V I E U J
R Z L I T O V G O L D F I S H F G Z O F
Y I I F H F G T O M C R U I S E K G C C
P O H S I B Y R E V A L E R U A L W C Q
B V C X C D O R O T H Y B O Y D Z Z A J
N A M H S U C D K E L L Y P R E S T O N

Jerry Maguire

N Y P U A N O T T U D S S E L R A H C B
L P H J W K O D M S F P M W E E R G E D
B L M V B P L V C J I Z C G N D A U L Y
R E S I N N E D G H G L I W E Y I A Y K
Z P G T W U Q F S C H T S C D T R N K D
U N Y E U G L R D N T M A S B I O A N J
J P Z F L O A A X E I Q T P E S W V N O
U V D S N L Y K U B N N F Q A R R A N O
C X D B O D O R M N G O P E T E D C P Z
L Q U H I H L C T T I I S G T V E R M D
I W C J T E M A D E R T O N Y I L E J J
O S R O I L Y T T Q I A S C A N Z H Q W
S T Q N B M F H U Q S C V A V U K T K V
Y A A F M E D O V N H U G I N D I A N A
L D H A A T P L O S N D E N Q A R F U M
P I U V Y Q C I Y T R E T S E M E S Z N
J U B R Z O M C B O B D L E I F H S M U
I M J E N U T R O F M A E R D G S W V R
S H C A O C J P R N U S L X U X L R L K
W K T U A S P U I E A X M L X O S B K L

Rudy

P C G O C N B O N W U Z B M O R M U F G
K M K U L A O O R A B U S I V E A B A H
J H D O X T H N X Q J E J W T D Q G M Y
E S L C I F Y D W I A J O E P E S C I R
K U Y M B R O K E N N O S E Y M T G L C
C O T E L E P H O N E G G V O P T D Y V
C O R X B L J O E Y L A M O T T A E W S
B V A O R I N E D T R E B O R I B J P O
W S I C J A K E L A M O T T A O Y E Y K
H W R B H H E K G T B S V S K N V Y C D
O I O R E T H G I F E Z I R P T L H R K
U M M R X E N I O R W T O F O Q A D Q K
K M Y O W I G M R Y S Y I J P M S O A L
H I H R K K Q A C C W S A I P G A L N A
V N T R R C O M P E T I T I O N E M G I
C G A I Y I A R N F L B O X N O R B E K
U P C M K V N R I C E N W R E H T O R B
B O M O P Z U G E N P A R A N O I D V A
I O F O A I H L O N A F B I T A L I A N
T L B Y S T L F O P A J U H V B Z Z B K

Raging Bull

X T P Z I F E N W A Y P A R K T T L V H
L S O W R I T E R E N C E M A N N P D N
G P H L B R A Y L I O T T A E L K O T F
C O X O P A C I F I S T P H R A M P A K
A R D L E I F L L A B E S A B L C T A Z
T C D T Y L O E C I O V Y R L L H S M U
C N A P O Q E N M A R K T G S E I O W A
H S R A E H A S N A I N D E R S C H B R
E C L Y A L L E S N I K E I N N A G J H
R O A D T R I P S J K H P H Z I G N J E
O R R R E G R E T S O M T C C K O R K Y
P E U P S F L A D E U E P R H N W L N P
R B T X A L F W Y N H F J A D I H C S O
A O A W A A M Y M A D I G A N R I D W V
C A N O R S D L E I F N R O C A T O Y G
T R R M R E N T S O C N I V E K E C B M
I D E J A M E S E A R L J O N E S J W A
C R P X M A H A R G T H G I L N O O M V
E R U S O L C E R O F U J I R R X R N H
W T S R E H C A E L B R E H C T I P G U

Field of Dreams

Chapter 10: Sports Fans

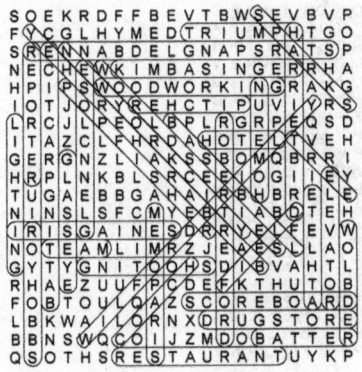

The Natural

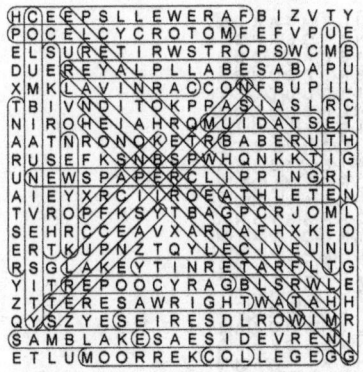

Pride of the Yankees

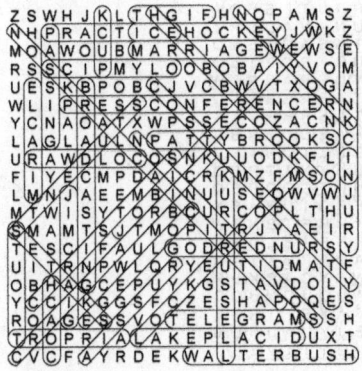

Miracle

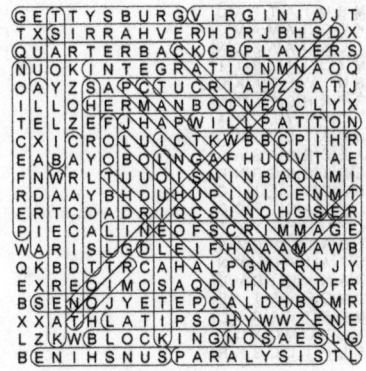

Remember the Titans

Chapter 11: True to Life

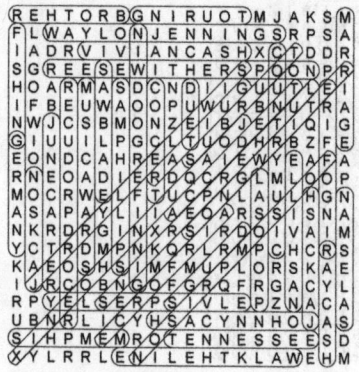

Walk the Line

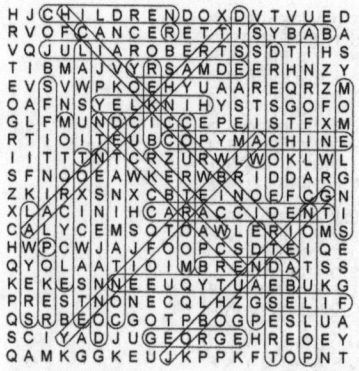

Erin Brockovich

Titanic

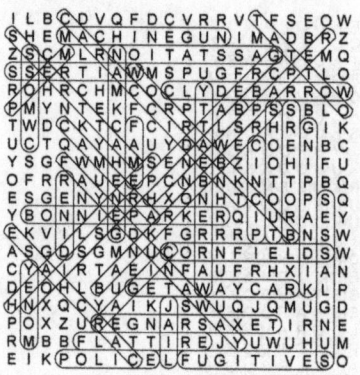

Bonnie and Clyde

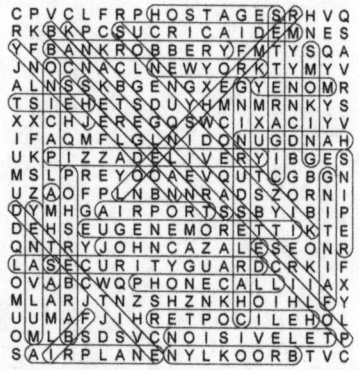

Dog Day Afternoon

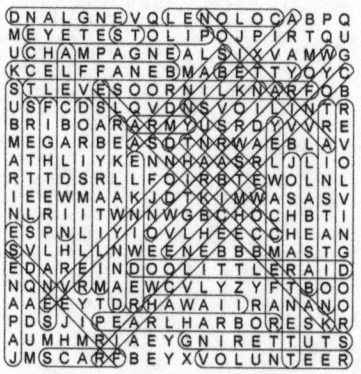

Pearl Harbor

Chapter 11: True to Life

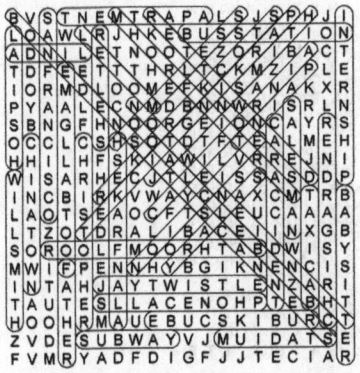

The Pursuit of Happyness

Catch Me If You Can

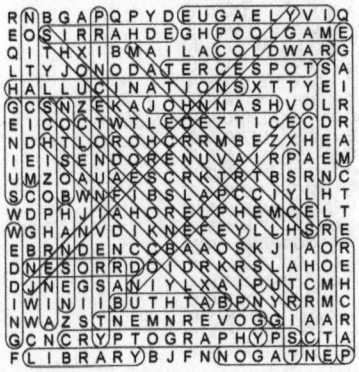

A Beautiful Mind

Funny Girl

Chapter 12: Nail Biters

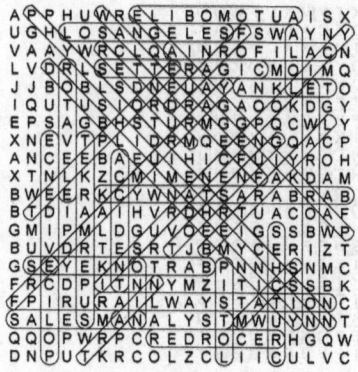

Double Indemnity

Enemy of the State

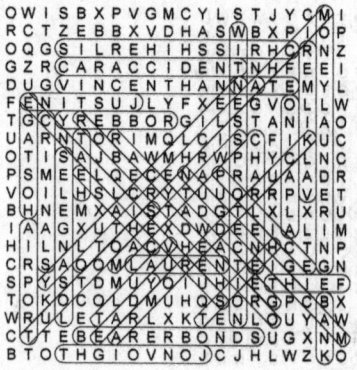

Heat

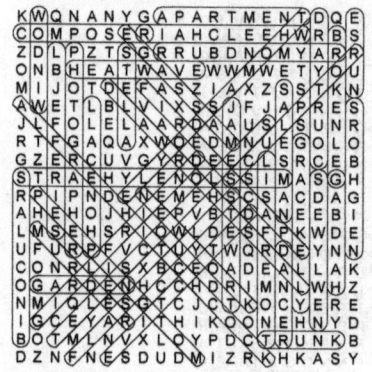

Rear Window

Seven

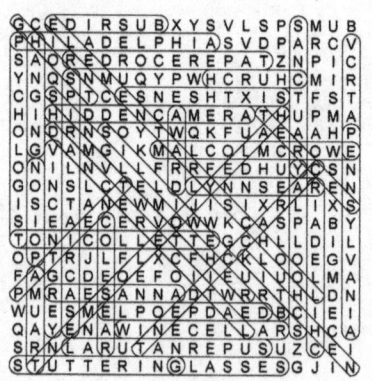

The Sixth Sense

Chapter 12: Nail Biters

```
E Y G E U B J V E J F F O T S Q C G R K
F R U K Q C K L G M F K A Q W G P I C D
R E K J Y F F W A H S T R E B O R O D A
J T I Q U I N T C E X P L O S I O N O E
X P U H R S T B R E D I E H C S Y O R G
S O G T C H O M F O U R T H O F J U L Y
D C V A O E L A R R Y V A U G H N K X L
Q I X O Y R C R R E X R L T C I N A P F
G L P B D M K I H Y D D P A Y G S G G G
D E G G D E V N L D V A E T T N U Q V I
B H N N R N D A R O T B S T A I C P R J
A R I I K O H E X R D A N O E V P I E G
O P M K I V Y Y S B H C E O A I O S C Q
B H M N J F G A U N S P C V B D Y I O W
L O I I U E O A M I T Y I S L A N D A H
L K W S N A T C M T E L L E N B R O D Y
I L S T H R W P E R K X L W R U X R Z N
B F A M P A H G R A F F I T I C U Y E H
A N E O K S R X P M N J L C X S V I S L
K S W I J M L K X U F Y L E I J I P K N
```

Jaws

```
R U Y Z W P H E L I C O P T E R D O G I
U P Y Z L S P A R E N O E X P E N S E R
O V H H S R U A S O N I D X L K E W N N
X K P B P D L O A M S P O V U C K I E G
D N R X E R S U R U A S O N N A R Y T N
M O U G L N U W X P M G L E I H A G I M
O O M N L W S M W O N I F G X R P O C A
U D M I I J T L X W E C D G S E C L E E
T L I N E M S M W E I T J A Y T I O N R
H U T N S U I L A R L H O S S U S N G C
O M O U A L T O T F L G H G T P S H I E
U T U R T B N C E A A I N G E M A C N C
S Y R O T D E L R I U L H E M O R E E I
E G C T L L I A G L R H A L I C U T E C
M U A P E O C M L U A S M N Z J J I R L
B R R A R G S N A R D A M E G A C S I O
R C R R A F E A S E E L O K P R H L N N
Y S R F M F N I S H R F N O Z A A A G I
O X M Z D E N N I S N E D R Y B O N G N
S N E F S J Y R O T A R O B A L S D T G
```

Jurassic Park

```
R E T P O C I L E H F Y F L H T W O A D
E S B L L E W O P L A T N A E G R E S S
P E E P R H O R E V I R D O M I L H N I
A N A K A T O M I P L A Z A C U R T O L
R A R G Y L E J O S E P H T A K A G I L
C L E A I R V E N T D S E O N Y K D T E
S C R V D E X N S T E A M R E W W E C Y
Y C B M A H L A E E B M E E W A H T U R
K M O O G C O L T E E T R N Y L O O R R
S N N P E N S P T F I S G N O K S N T A
T H D N N U A R E E N I E E R I T A S H
S O S U T A N I R R N R N G K E A T N A
I J E G J L G A A A O H C Y C T G O O N
R T C E O T E T G B B C Y L O A E R C S
O X I N H E L G I F M G C L P L S S R G
R T L I N K E N C D E S A O H K C C Z R
R L O H S C S S R F D A L H V I C J A U
E U P C O O O G D S I L L I W E C U R B
T A L A N R I C K M A N A K E Y C O D E
H V S M A L L S H O E S E L E V A T O R
```

Die Hard

```
H J C P E C I L O P T A X I C A B T T O
O G A C I H C G E O R G E K A P L A N V
T J R M R O G E R T H O R N H I L L K V
E F Y I E O N M V S D E O O Y H R N H F
L C G S Y S P I E S C V M I R E W O H S
A A R T N D M O T U E A H T G V B G I N
D F A A O A E A U B D M S C K E P C M A
V E N K I U H C S S Q A U U I K H L S I
E T T E T T E O W O T R R A D E I A S C
R E R N A O E R L N N I T B N N L R H W
T R A I N T U N N E L E N H A D L A A U
I I C D I H T F K W E S U G P A I T V Z
S A G E S E A I W Y V A O V P L P H I U
I T N N S F T E Y O I I M F E L V O N L
N O I T A T S L A R T N E C D N A R G X
G D N I S T H D M K U T C G N I N N U R
O C I T S K O O B H C T A M A K D H E S
F J D Y A M F E M H E T N E G A A I C W
Q D S N O I S O L P X E G D E L M L O B
C P Z F U G I T I V E R E D R U M L Z A
```

North by Northwest

Chapter 13: Cinema Classics

All About Eve

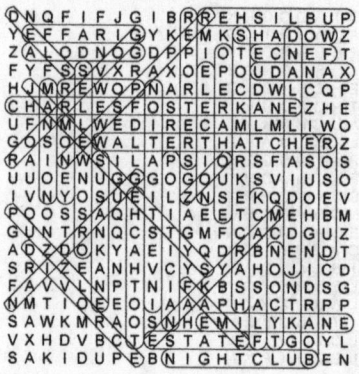

Citizen Kane

The Graduate

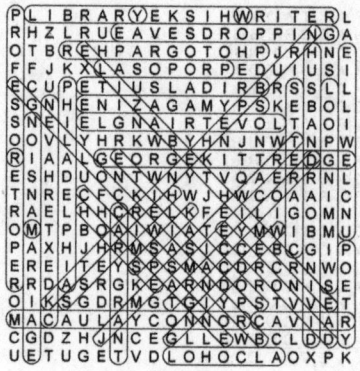

The Philadelphia Story

Some Like It Hot

Sunset Boulevard

Chapter 13: Cinema Classics

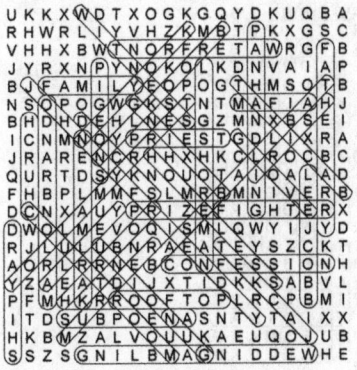

On the Waterfront

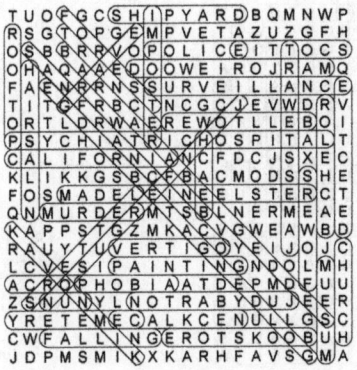

Vertigo

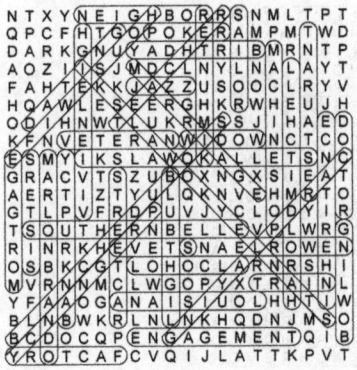

A Streetcar Named Desire

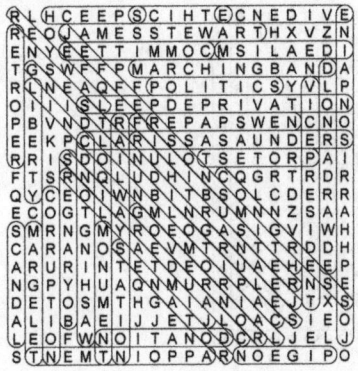

Mr. Smith Goes to Washington

Chapter 14: Laughter Is the Best Medicine

Tommy Boy

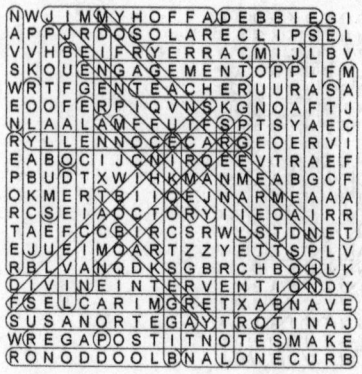

Bruce Almighty

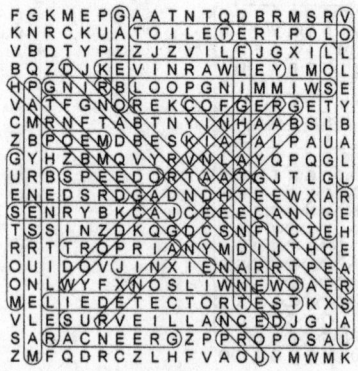

Meet the Parents

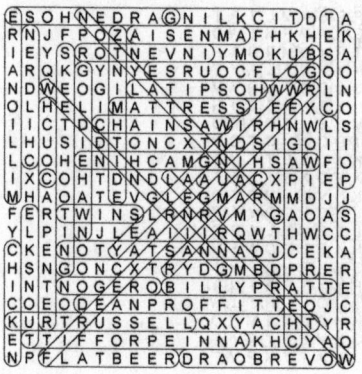

Overboard

Dumb and Dumber

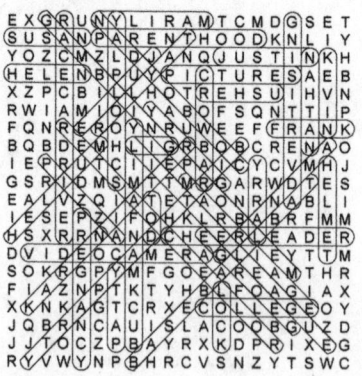

Parenthood

Chapter 14: Laughter Is the Best Medicine

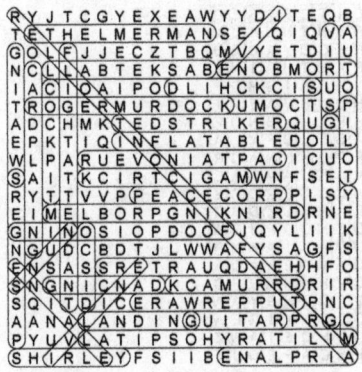

Airplane!

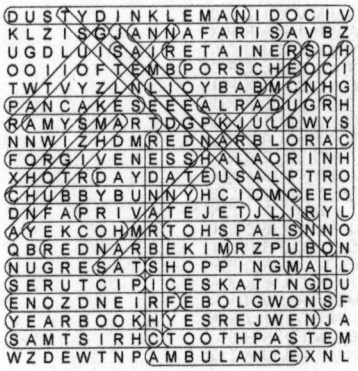

Just Friends

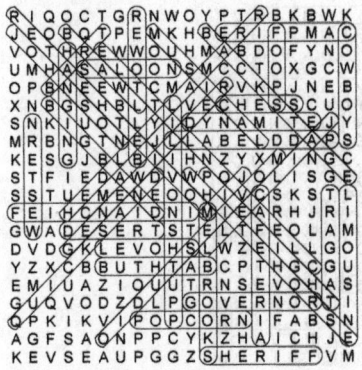

Blazing Saddles

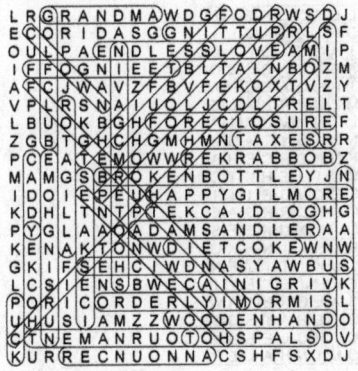

Happy Gilmore

Chapter 15: They Came from Outer Space

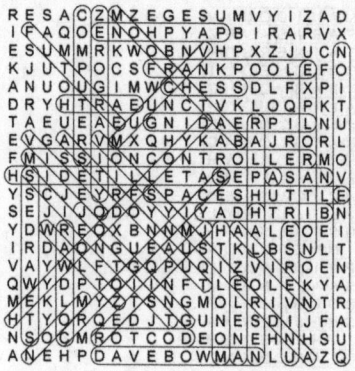

2001: A Space Odyssey

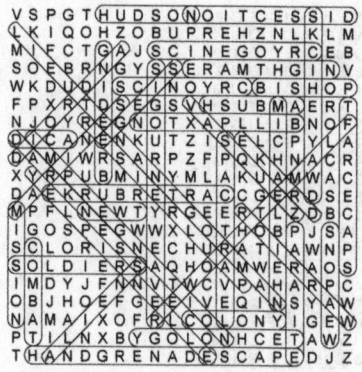

Aliens

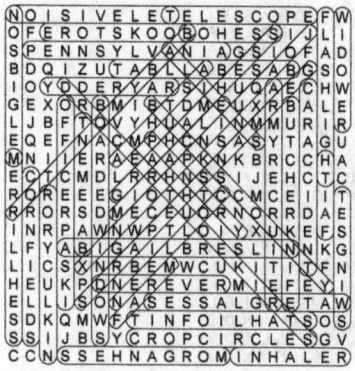

Signs

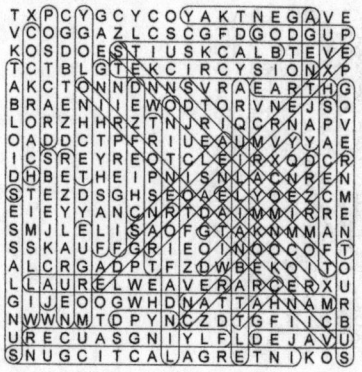

Men in Black

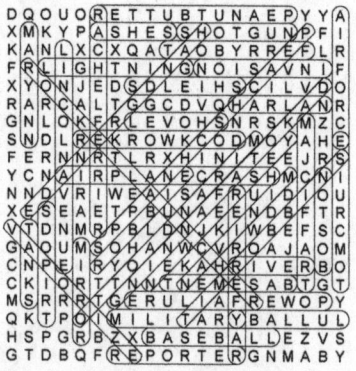

War of the Worlds

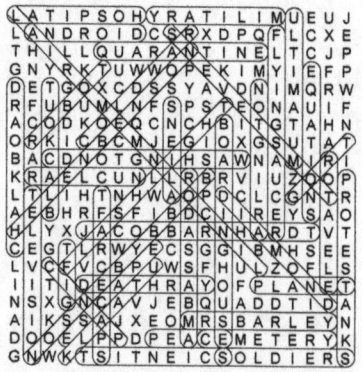

The Day the Earth Stood Still

Chapter 15: They Came from Outer Space

R H J C V I R U S S E L L C A S S E E I
G N I D D E W C J T N E D I S E R P N F
V A S A U U H R S A T E L L I T E V R J
M O O N A N W O D T N U O C I G A R S E
S D Y C L E D P K U V B C X B S G S N F
Y A D E C N E D N E P E D N I A N V I F
C V A R O O O U E O M V T O S E I K T G
H I L O H Y R S Q F V S N V I R R L O O
E D T M O T O T N N L Q T Z L O O N F L L
S L S T L F T I G I C E A N Y Y I O I D
S E R I I I L N D B V V M W P E H U P B
P V I H C F E G W E I E E D L R P R R L
A I F W V A Q Z L R N N L O X G L T E U
C N S N D E R O M T I H W S A M O H T M
E S T Y W R S H A Y L I M Z U A D O H D
S O Z L N A M L L U P L L I B I T F G E
H N W I L L S M I T H L B Z B L L J I S
I M S R E T U P M O C E N Y O L U U F E
P K C A P T A I N E C R O F R I A L J R
J A S M I N E S U O H E T I H W Z Y N T

Independence Day

N R U B N U S E N A L P G N I S S I M Y
E L E V A C U A T I O N A M E L B A C R
L T C F T N E M N R E V O G S R T H Y A
T O G A R B A G E T R U C K I H I R S E
T G I E C A L P E R I F C G L M A T E N
A H L S C A N X E A D W H E N E R K S Y
C E L D E M L C B F I T P E N O P S M O
O L I X S O E B O F L A Y E N E U A O R
N I A E A O T O L I H W I A I F M M J H
S C N U N N V A G C S N U K Y M O S A S
P O G S D I I H T C N T S E R O F A V U
I P U P S E T A P O W E R O U T A G E R
R T I A T S L N R N P O Y U L E F S D B
A E L C O S Y A A T O O E R F L K Z E H
C R A E R N N C C R L N E C A F T F S T
Y I R S M O S E A O A E A H I T A P E O
D G G H L I O H I L M U D G S L I U R O
K A K I T S C E N L Y B O O R A O L D T
U R H P J I U Y R E A L E N M O M P I G
K R G X R V M A E R C G N I V A H S K M

Close Encounters of the Third Kind

T O K J X E N O I T A T S E C A P S J M
S K C M U V O D N U C L E A R B O M B I
I N I E M I T N D T S O R F J A C S E C
G O H N J T R U E U E E H O U S T O N H
O S C G L A O O P A L D I O R E T S A A
L L N A O D H H E N T W H L V R M C F E
O I A G A E T K N O T B O E E E V A F L
E W M E N S B C D M U F B I T P P R L C
G N U M S E O O E S H U A E V M O A E L
H E R E H S B R N O S S O V M A W B C A
E W T N A R Y B C C P R D A S T I R K R
C O N T R O L C E N T E R N D S L U D K
A I A O K H L M N A S A O D R E L C R E
E L D L G N I L L I R D E R O C P E E D
P R V I F O B G M S S X W O W A A W T U
N I J P H A R R Y S T A M P E R T I H N
E G A S T R O N A U T K Y O V G T L G C
E W I L L Y S H A R P G O V I P O L U A
R E L Y T V I L M O D E E R F L N I A N
G A M B L I N G A R M A D I L L O S D O

Armageddon

U U I H M U L E A G W A R P S P E E D C
Y X A L A G K L L R U E M P I R E Q L H
O Y R I E R O M E W D J F P M I U B K F
A F A M B E R B S A J E D I K N I G H T
T M I U R O A I V H M Z V H B C L P A O
N J M A O S N H S P U E C S D E U H N O
E W A I T O T E P O H D O L T S K Z S Q
W N R H C R F O K G N A K E R S E N O R
O Y G S A O I H R N L F M B E L S O L A
E I O D R B G C N M A L O E S E K I O C
L I L I T O H L S Q T W I R E I Y L R C
C N O O I T T O M L A R I M D A W L A A
N T H R C S E N U M E O O B A X A E T B
U Y K D S U R E B T N U A O O H L B S W
R B S N C E P W O O K I E E P N K E H E
Z E K A T S L A I R E P M D U E E R T H
S N S S F C A R R I E F I S H E R B A C
O G A C Z K N S X C D O P E P A C S E M
T M M H U S E T H E F O R C E X R E D F
L X H T X E N Y H T A P E L E T I O D E

Star Wars